COLLECTION FOLIO

Jean Cocteau

de l'Académie française

L'aigle
à deux têtes

Gallimard

*Elle ne pouvait compter sur rien,
pas même sur le hasard. Car il y a
des vies sans hasard.*

H. de Balzac.

PRÉFACE

On connaît la mort étonnante de Louis II de Bavière, l'énigme qu'elle pose et les innombrables textes qui cherchent à la résoudre. J'ai pensé, en relisant quelques-uns de ces textes, qu'il serait intéressant et propice au grand jeu du théâtre, d'inventer un fait divers historique de cet ordre et d'écrire ensuite une pièce pour en dévoiler le secret.

Ces lectures de livres sur la mort du roi m'avaient replongé dans l'atmosphère de cette famille qui, faute de pouvoir créer des chefs-d'œuvre, en voulait être, et même qui se terminassent le plus mal possible, comme il se doit.

Il me fallait inventer l'histoire, le lieu, les personnages, les héros, capables de donner le change et propres à flatter ce goût de reconnaître que le public préfère à celui de connaître, sans doute parce qu'il exige un moindre effort.

La belle étude de Rémy de Gourmont dans les Portraits littéraires me donna le style de ma reine. Elle aurait l'orgueil naïf, la grâce, le feu, le courage, l'élégance, le sens du destin, de l'impératrice Élisabeth d'Autriche. J'empruntai même une ou deux phrases qu'on lui prête.

Le vrai malheur de ces princes, supérieurs à leur rôle, c'est qu'ils sont plus des idées que des êtres. Du reste il n'est pas rare qu'une autre idée les tue. J'imaginai donc de mettre en scène deux idées qui s'affrontent et l'obligation où elles se trouvent de prendre corps. Une reine d'esprit anarchiste, un anarchiste d'esprit *royal, si le crime tarde, s'ils se parlent, si ce n'est plus le coup de couteau dans le dos de l'embarcadère du lac de Genève, notre reine ne sera pas longue à devenir une femme, pas long notre anarchiste à redevenir un homme. Ils trahissent leurs causes pour en former une. Ils deviennent une constellation, ou mieux un météore qui flambe une seconde et disparaît.*

Depuis quelque temps je cherchais les causes d'une certaine dégénérescence du drame, d'une chute du théâtre actif en faveur d'un théâtre de paroles et de mise en scène. Je les mets sur le compte du cinématographe qui, d'une part oblige le public à voir les héros interprétés par des artistes jeunes, d'autre part habitue ces jeunes artistes à parler bas et à remuer le moins possible. Il en résulta que les bases mêmes des conventions théâtrales furent ébranlées, que disparurent les Monstres sacrés, qui de leurs tics, de leurs timbres, de leurs masques de vieux fauves, de leurs poitrines puissantes, de leur propre légende, formaient le relief indispensable au recul des planches et aux lumières d'une rampe qui mange presque tout. Ces vieux Oreste, ces vieilles Hermione se démodèrent, hélas, et, faute de cariatides pour les porter, les grands rôles disparurent avec. On leur substitua, sans même s'en rendre compte, la parole pour la parole et la mise en scène. Paroles et mise en scène prirent alors une place dont les Sarah Bernhardt, les de Max, les Réjane, les Mounet-Sully, les Lucien Guitry, n'eurent jamais la moindre idée. Sur les planches où évoluaient ces ancêtres, la mise en scène se faisait toute seule et le décor ne parlait pas plus haut qu'eux.

C'est pourquoi j'admirai tant le Richard III *du* Old Vic Theater *où, depuis la démarche des femmes jusqu'à la manière dont Laurence Olivier traîne la jambe et relève ses cheveux, tout n'est que trouvailles, où les toiles semblent de vieilles toiles, les costumes de vieux costumes, les acteurs des acteurs conventionnels, alors qu'il n'en est rien et que le moindre détail est inventé pour mettre en valeur le génie d'un comédien qui garde son relief d'un bout à l'autre, sans aplatir le jeu de ses camarades.*

L'apparition du comédien-tragédien est la grande nouveauté du théâtre de notre époque. C'est en grossissant à l'extrême les lignes de la comédie qu'il arrive à rejoindre sans ridicule les grimaces sublimes dont nous prive l'écran. M. Jean Marais nous en donna le premier exemple dans Les Parents terribles *où il décida de jouer sans goût, bref de vivre, de crier, de pleurer, de remuer, comme il croyait que le firent ses illustres prédécesseurs.*

Un autre exemple de cette entreprise me fut le Britannicus *où il inventa un* Néron *inoubliable.*

Sans Edwige Feuillère, digne des plus grands rôles, sans Marais, qui a fait ses preuves, jamais je n'eusse osé monter cette machine épuisante pour des acteurs modernes.

P.-S. — Ajouterai-je qu'un grand rôle n'a rien à voir avec une pièce. Écrire des pièces et de grands rôles est un des prodiges de Racine. Mmes Sarah Bernhardt et Réjane, MM. de Max et Mounet-Sully s'illustrèrent par une multitude de pièces médiocres où de grands rôles ne furent que prétextes à mettre leur génie en vue. Marier ces deux forces — la pièce humaine et le grand rôle — n'est-ce pas le moyen de sauver le théâtre et lui rendre son efficacité?

L'entreprise est dangereuse. Il est vrai que le véritable public s'écarte d'un théâtre trop intellectuel. Mais une grosse élite déshabituée de l'action violente, bercée de phrases, risque de prendre fort mal ce réveil en fanfare et de le confondre avec le mélodrame.

Peu importe. Il le faut.

P.-S. — Je souligne que la psychologie, en quelque sorte héraldique, des personnages n'a pas plus de rapport avec la psychologie proprement dite que les animaux fabuleux (Lion qui porte sa bannière, Licorne qui se mire dans une glace) n'offrent de ressemblance avec des animaux véritables.

La tragédie de Krantz restera toujours une énigme. Comment l'assassin s'était-il introduit chez la reine? Au moyen de quelle menace avait-il pu rester trois jours auprès d'elle? On retrouva la reine poignardée dans le dos, en haut de l'escalier de la bibliothèque. Elle portait une robe d'amazone et venait, à la fenêtre, de saluer ses soldats. Pour la première fois, elle s'y présentait à visage découvert.

L'assassin gisait au bas des marches, foudroyé par un poison. La tragédie offre de nombreuses descriptions. Il en est d'historiques, de scientifiques, de poétiques, de passionnées, de sectaires, toutes sont vraisemblables.

L'Aigle à deux têtes, *emmené d'abord à Bruxelles et à Lyon, par le* Théâtre Hébertot, *a été joué à Paris en novembre 1946.*

PERSONNAGES

LA REINE, *30 ans*	Edwige Feuillère.
ÉDITH DE BERG, *23 ans*	Silvia Monfort.
STANISLAS (dit Azraël), *25 ans*	Jean Marais.
FÉLIX DE WILLENSTEIN, *36 ans*	Georges Marny.
LE COMTE DE FOËHN, *45 ans*	Jacques Varennes.
TONY *(nègre sourd-muet au service de la reine)*	Georges Aminel.

Robes de Christian Bérard.
Décors d'André Beaurepaire.
Hymne royal de Georges Auric.

Premier acte : *Chambre de la reine.*
Deuxième acte : *Bibliothèque de la reine.*
Troisième acte : *Même décor.*

ACTE PREMIER

Le décor représente une des chambres de la reine, au château de Krantz. Car la reine change souvent de château et chaque soir de chambre : elle ne couche jamais dans la même. Il arrive qu'après avoir abandonné sa chambre et habité plusieurs autres, elle y retourne. Je voulais dire qu'elle ne couche jamais dans la même chambre deux soirs de suite.

Cette chambre est assez vaste. Un lit à baldaquin occupe le milieu. En pan coupé à droite, une haute fenêtre ouverte sur le parc dont on devine la cime des arbres. Sur le pan coupé à gauche, un immense portrait du roi, une cheminée qui flambe et jette des ombres. C'est la nuit. Une nuit d'orage et d'éclairs silencieux. Candélabres. La reine n'aime que l'éclairage des bougies. Au premier plan, non loin du feu, une petite table recouverte d'une nappe, seule tache blanche de ce décor fait d'ombres qui bougent, de pénombres, de lueurs du feu et des éclairs. La table est servie d'une légère collation de vin dans un seau à glace, de fromage de chèvre, de miel, de fruits et de ces gâteaux paysans noués comme des monogrammes. Un candélabre d'argent orne la table et concentre la lumière sur la nappe, les deux couverts face à face et les deux fauteuils vides. Une petite porte secrète, masquée par le portrait du roi, à gauche du lit, donne accès au corridor par lequel la reine entre chez elle. Au premier plan à droite, une porte à deux battants. Au lever du rideau, Édith de Berg, lectrice de la reine, va poser le candélabre sur la table.

Félix, duc de Willenstein, met une bûche sur le feu. Édith porte une robe du soir. Elle tient le candélabre. Félix est en uniforme de cour.

SCÈNE PREMIÈRE

ÉDITH, FÉLIX.

ÉDITH

Félix, vous êtes un maladroit.

FÉLIX, *il se détourne un peu, sa bûche à la main.*

Merci.

ÉDITH

Alors, vous ne savez même plus mettre une bûche?

FÉLIX

J'hésitais à mettre une bûche parce que je ne trouve pas ce feu très utile. Il y a de l'orage. On étouffe.

ÉDITH

Votre opinion n'a aucune importance. Gardez-la pour vous et mettez une bûche. La reine aime voir le feu. Elle aime le feu et les fenêtres ouvertes.

FÉLIX

Si c'était moi, je fermerais la fenêtre et je n'allumerais pas le feu. Par la fenêtre ouverte, le feu attire les insectes et les chauves-souris.

ÉDITH

La reine aime les insectes et les chauves-souris. Aimez-vous la reine, Félix?

FÉLIX, *il lâche sa bûche et se redresse.*

Quoi?

ÉDITH

Qu'est-ce qui vous prend? Je vous demande si vous aimez la reine et lui obéir ou si vous préférez vos propres goûts et si vous espérez l'en convaincre?

FÉLIX

Vous ne pouvez pas ouvrir la bouche sans me dire une chose désagréable.

ÉDITH

Vous les attirez, mon cher Félix.

FÉLIX

Dites-moi ce qu'il faut que je fasse pour vous plaire.

ÉDITH

Rien.

FÉLIX

Si, si, dites. Je suis curieux de l'apprendre.

ÉDITH

Votre service.

FÉLIX

Allons, bon! J'ai commis une faute?

ÉDITH

• Vous commettez faute sur faute et votre maladresse dépasse les bornes. Vous ne savez plus où vous avez la tête. On dirait que, chaque fois, vous découvrez l'étiquette, le cérémonial.

FÉLIX

Sa Majesté se moque de l'étiquette et du cérémonial.

ÉDITH

C'est bien pour cela que l'archiduchesse, sa belle-
mère, m'oblige à les maintenir partout.

FÉLIX

Vous êtes auprès de la reine par la volonté de
l'archiduchesse sa belle-mère. Je suis auprès de la
reine par la volonté du roi.

ÉDITH

Le roi est mort, mon brave Félix, et l'archiduchesse
est vivante. Tenez-vous-le pour dit.

Un silence.

ÉDITH, *signe de tête.*

... les fauteuils.

FÉLIX

Quoi, les fauteuils? *(Édith hausse les épaules.)* Ah!
oui!...

Il les écarte chacun de la table.

ÉDITH

Le candélabre...

FÉLIX

Quel candélabre?

ÉDITH

Est-ce à moi de vous rappeler que seul un duc peut
toucher à la table de la reine si la reine soupe dans
sa chambre. Vous avez daigné mettre un candélabre
à sa place. Où est l'autre?

FÉLIX, *il cherche partout du regard.*

Je suis stupide!

ÉDITH

Je ne vous le fais pas dire... Félix!

FÉLIX, *il s'élance.*

Mon Dieu! *(Il la décharge du candélabre et le pose sur la table.)* Je vous trouvais très belle avec ce candélabre, Édith, et j'oubliais, en vous regardant, que je devais vous le prendre des mains.

ÉDITH, *de plus en plus ironique.*

Vous me trouviez très belle avec ce candélabre?

FÉLIX

Très belle. *(Un silence. Roulement de tonnerre lointain.)* Je n'aime pas l'orage.

ÉDITH

La reine sera contente. Elle adore l'orage et elle se moque de moi parce que je le déteste autant que vous. Il y a un an, vous vous souvenez de l'orage ici, la veille de notre départ pour Oberwald. La reine se cramponnait à la fenêtre. A chaque éclair, je la suppliais de rentrer dans la chambre. Elle riait, elle criait : « Encore un, Édith, encore un! » J'ai eu toutes les peines du monde à l'empêcher de courir dans le parc où la foudre déracinait les arbres sous un déluge. Ce matin, elle m'a dit : « J'ai de la chance, Édith. Pour ma première nuit à Krantz, j'aurai mon orage! »

FÉLIX

Elle n'aime que la violence.

ÉDITH

Prenez-en de la graine, mon cher duc.

FÉLIX

Elle n'aime pas votre violence, Édith.

ÉDITH

Elle le dit, mais si j'étais molle et docile, elle ne me supporterait pas une minute auprès d'elle.

FÉLIX

Ce qui veut dire, comme vous me trouvez docile et mou, qu'elle me supporte mal auprès d'elle.

ÉDITH

Vous êtes pour Sa Majesté, un meuble, un objet, mon cher Félix. Il importe de vous résigner à tenir ce rôle.

FÉLIX

J'étais un ami du roi.

ÉDITH

C'est sans doute l'unique raison qui la rend si indulgente à votre égard.

FÉLIX

Pendant le voyage, en voiture, elle m'a adressé quatre fois la parole.

ÉDITH

Sa politesse. Elle la met comme des gants fourrés pour le voyage. Elle vous a parlé des montagnes, de la neige, des chevaux. Quand elle s'adresse aux gens, elle n'emploie que la partie d'elle-même qui lui soit commune avec eux. N'y trouvez pas les motifs d'une exaltation ridicule.

FÉLIX, *après un silence*
et un roulement de tonnerre.

Mais... Dieu me pardonne, Édith... Seriez-vous jalouse?

ÉDITH, *avec un rire de folle.*

Jalouse? Moi? De qui, de quoi? Par exemple! Jalouse? J'exige que vous expliquiez immédiatement le sens de cette insulte. Je n'ose pas — m'entendez-vous — je n'ose pas comprendre.

FÉLIX

Du calme, Édith, du calme. D'abord, c'est vous qui m'insultez sans cesse, ce n'est pas moi. Ensuite, si vous voulez la vérité, il m'a semblé me rendre compte que mon énervement en face de cette place vide *(il désigne un des fauteuils)* vous agaçait au point de vous faire perdre votre contrôle.

ÉDITH

Vous êtes for-mi-da-ble! Ainsi, je ne me trompais
pas. Savez-vous, monsieur le duc de Willenstein,
quelle est la date exacte? Il y a dix ans, jour pour
jour, que votre maître le roi Frédéric a été assassiné
le matin de son mariage. Vous avez été témoin de ce
meurtre. Où se rendaient le roi, la reine et leur
escorte? Ici même où nous sommes. Vous avez la
mémoire courte. Et vous connaissez mal votre reine.
C'est donc avec l'ombre du roi que Sa Majesté soupe
cette nuit d'orage dans la chambre qui devait être
celle de leurs noces. Et voilà le convive mystérieux
dont vous vous permettez d'être jaloux. Et voilà
l'homme que vous êtes et qui se permet d'aimer la
reine, de l'aimer d'amour et d'être jaloux de l'ombre
du roi.

FÉLIX

Vous êtes folle!

ÉDITH

Il est beau de vous l'entendre dire. Je ne suis pas
folle. Je l'ai été. J'ai eu la sottise de l'être de vous.

FÉLIX, *essayant de la calmer.*

Édith!...

ÉDITH

Laissez-moi tranquille. La reine s'habille et ne
peut pas nous entendre. Je viderai mon sac.

FÉLIX

L'archiduchesse s'est opposée à notre mariage.

ÉDITH

L'archiduchesse a un regard d'aigle. Elle vous a
percé avant moi. Et si vous désirez connaître les
motifs de mon changement à votre égard, c'est elle
qui m'a ouvert les yeux. « Ce jeune imbécile ne vous
aime pas, ma petite, observez-le. Il cherche tous les
moyens de s'approcher de la reine. » Le coup était

dur. J'ai d'abord voulu croire que l'archiduchesse craignait auprès d'une fille de sa suite l'influence d'un des amis du roi, d'un de ces amis qu'elle rend responsable de son mariage avec une princesse qu'elle n'a jamais aimée. J'essayais d'être aveugle et sourde. Et j'ai vu, j'ai entendu.

FÉLIX

Qu'est-ce que vous avez vu? Qu'est-ce que vous avez entendu?

ÉDITH

Je vous ai vu regarder la reine. Je vous ai vu rougir comme une jeune fille quand elle vous adressait la parole. En ce qui me concerne, vous n'avez même pas eu la force de continuer vos mensonges. En moins d'une semaine vous avez renoncé à toute comédie, vous m'avez traitée comme une rivale, comme une personne dont la clairvoyance devenait un obstacle entre la reine et vous. Osez me dire le contraire.

FÉLIX

Pourquoi aurais-je eu besoin de votre entremise pour approcher la reine, puisque je l'approche, si je ne me trompe pas, autant que vous?

ÉDITH

Autant que moi! Je suis la lectrice de la reine et sa seule confidente. Ne confondez pas mon poste avec celui d'un domestique de sa maison.

FÉLIX

Nous sommes les domestiques de sa maison.

ÉDITH

La reine ne vous aime pas, Félix. Résignez-vous à l'admettre. Elle ne vous aime pas et je ne vous aime plus.

FÉLIX

Franchise pour franchise, je vous avouerai donc

que je n'aime pas votre rôle d'espionne aux gages de l'archiduchesse.

ÉDITH

Vous osez!...

FÉLIX

Au point où nous en sommes, le mieux est de tout se dire. Je vous aimais, Édith, et peut-être que je vous aime encore. Vous m'affirmez que je ne vous aime plus parce que j'aime la reine. C'est possible. La reine n'en peut recevoir aucune ombre, ni vous. L'amour que je lui porte s'adresse à la divinité. Elle est hors d'atteinte. Je rêvais que nous l'aimerions ensemble. C'est impossible, parce que vous êtes une femme et que la reine n'en est pas une. Puisque vous refusez de me comprendre, et puisque l'archiduchesse vous refuse de partager ma vie, je ne la partagerai avec personne. Je me contenterai de servir auprès de vous et mon bonheur sera de guetter un sourire de la reine.

ÉDITH

Vous oubliez que, depuis la mort du roi, je suis la seule à qui elle montre son visage.

FÉLIX

Un voile et un éventail n'empêchent pas son visage de faire sa route et de me traverser le cœur.

ÉDITH

Un jour où je vous demandais s'il vous serait possible de m'aimer dans le rayonnement de la reine, car je prévoyais votre folie, ne m'avez-vous pas expliqué qu'il vous serait impossible d'aimer une femme qui cache son visage, d'aimer un fantôme?

FÉLIX *s'approche d'Édith et très bas.*

J'ai vu son visage, Édith.

Roulement de tonnerre.

ÉDITH

Quoi?

FÉLIX

Je l'ai vu.

ÉDITH

Où?... Comment?...

FÉLIX

C'était à Wolmar. Je traversais la galerie d'Achille.
J'ai entendu le bruit d'une porte, et il n'y a qu'elle
qui ose claquer les portes de cette façon. Je me suis
caché derrière le socle de la statue. Les chevilles et
les jambes d'Achille formaient une grande lyre de
vide. A travers cette lyre, je voyais toute la galerie
en perspective et la reine au bout qui grandissait
en marchant sur moi. Elle marchait sur moi, Édith,
seule au monde. J'étais le chasseur en train de viser
un gibier qui se croit invisible et qui ne pense pas
qu'il existe des hommes. Elle avançait sans éventail
et sans voile. Une longue, longue robe noire et sa
tête si haute, si pâle, si petite, si détachée, qu'elle
ressemblait à ces têtes d'aristocrates que la foule
des révolutions porte au bout d'une pique. La reine
devait souffrir de quelque souffrance affreuse. Ses
mains avaient l'air de fermer de force la bouche d'une
blessure en train d'appeler au secours. Elle les écrasait contre sa poitrine. Elle trébuchait. Elle appro-
chait. Elle regardait ma cachette. Pendant une
seconde insupportable elle s'arrêta. Voulait-elle se
rendre vers un souvenir de Frédéric et n'en eut-elle
pas le courage? Elle, la courageuse, elle s'appuya
contre une des grandes glaces, chancela, se redressa,
hésita et, de dos, avec cette même démarche de
somnambule, s'en retourna vers la porte par laquelle
je l'avais vue venir. En vérité, Édith, je vous l'affirme,
je voyais ce qu'il est interdit de voir, je voyais à
travers cette lyre ce qu'il est impossible
de voir sans crever d'amour ou de honte. Mon cœur
de criminel battait de tels coups que j'avais peur.

Allait-elle l'entendre, se retourner, me découvrir et tomber morte en poussant un cri?

Mais non. Je regardais de toutes mes forces et elle s'éloignait du socle. Imaginez le jockey bossu et le pur-sang blessé qu'il ramène boiteux après la course. Imaginez une pauvre silhouette de femme entraînée par le courant de ce canal d'or et de glaces. La porte qui claque. C'était la fin. J'ai vu le visage de la reine, Édith. J'ai vu la reine. Et ni vous, ni personne ne l'avez jamais vue.

> *Long silence. Léger tonnerre.*

ÉDITH, *entre ses dents.*

Un jockey bossu, un cheval qui boite! La démarche de la reine est célèbre dans le monde entier.

FÉLIX

Elle souffrait une grande souffrance, Édith. Je n'oublierai jamais ce spectacle. Elle rayonnait de poignards comme une vierge espagnole. Son visage était si beau qu'il faisait peur.

ÉDITH

Évidemment... C'est plus grave que je ne pouvais m'y attendre.

FÉLIX

L'aveu d'un crime ne m'aurait pas coûté plus d'efforts.

ÉDITH

Il y aura au moins un secret entre nous.

FÉLIX

Si la reine l'apprenait, je me tuerais.

ÉDITH

Elle vous tuerait. Elle en est capable. C'est une tireuse de premier ordre.

> *On entend une sonnerie prolongée dans la chambre.*

FÉLIX

Voilà la reine!

ÉDITH

Sortez avant la dernière sonnerie. Je dois être seule lorsque Sa Majesté s'annonce. Sortez vite.

FÉLIX, *bas, au moment de sortir.*

J'ai vu la reine, Édith. C'est une morte.

ÉDITH, *frappant du pied.*

Sortirez-vous?

Elle ouvre la porte de droite et la referme sur Félix qui sort.

SCÈNE II

ÉDITH *seule, puis* LA REINE.

Édith s'approche de la fenêtre. Un grondement plus fort se fait entendre et un éclair découpe la cime des arbres du parc. La pluie commence à tomber sur les feuilles. Édith s'écarte avec crainte. Dernière sonnerie. Elle va jusqu'à la table, vérifie le service, les fauteuils, le feu.

Le portrait pivote. La reine paraît. Elle cache son visage derrière un éventail de dentelle noire. Elle porte la grande toilette de cour, ses ordres, des gants, des bijoux. Elle claque la porte derrière elle. Un éclair et un souffle sur les bougies accompagnent son entrée. Édith fait la révérence.

LA REINE

Vous êtes seule?

ÉDITH

Oui, Madame. Le duc de Willenstein est parti à la première sonnette.

LA REINE

Bon. *(Elle claque son éventail et le jette sur le lit.)*
Quel feu lamentable. *(Elle se penche vers la cheminée.)* C'est du travail de Félix. Il devait vous
contempler et mettre les bûches n'importe comment.
Il n'y a que moi qui sache faire les feux.

Elle pousse une bûche avec son pied.

ÉDITH, *qui veut se précipiter.*

Madame!...

LA REINE

Que vous êtes ennuyeuse, ma petite fille. Je vais
brûler mon soulier et flamber ma robe. Voilà ce que
vous alliez dire. Je sais toujours ce que vous alliez
dire.

L'orage redouble.

Le bel orage!

ÉDITH

Madame veut-elle que je tire les volets?

LA REINE

Encore une phrase que j'aurais été surprise de ne
pas entendre. *(Elle monte jusqu'à la fenêtre.)* Les
volets! Fermer les fenêtres, tirer les rideaux, se cal-
feutrer, se cacher derrière une armoire. Se priver de
ce magnifique spectacle. Les arbres dorment debout
et respirent l'inquiétude. Ils craignent l'orage comme
un bétail. C'est mon temps à moi, Édith, le temps
de personne. Mes cheveux crépitent, mes éclairs et
ceux du ciel s'accordent. Je respire. Je voudrais être
à cheval et galoper dans la montagne. Et mon cheval aurait peur et je me moquerais de lui.

ÉDITH

Que la foudre épargne Votre Majesté.

LA REINE

La foudre a ses caprices. J'ai les miens. Qu'elle

entre, qu'elle entre, Édith. Je la chasserai de ma chambre à coups de cravache.

ÉDITH

La foudre brise les arbres.

LA REINE

Mon arbre généalogique ne l'intéresse pas. Il est trop vieux. Il sait fort bien se détruire lui-même. Il n'a besoin de personne. Depuis ce matin, toutes ses vieilles branches tordues sentaient cet orage et m'en apportaient les merveilles. Le roi avait fait construire Krantz avant de me connaître. Lui aussi aimait les orages et c'est pourquoi il avait choisi ce carrefour où le ciel s'acharne à se battre et à tirer le canon. *(Coups de tonnerre très forts, Édith se signe.)* Vous avez peur?

ÉDITH

Je n'ai aucune honte à ce que Votre Majesté sache que j'ai peur.

LA REINE

Peur de quoi? De la mort?

ÉDITH

J'ai peur tout court. C'est une peur qui ne s'analyse pas.

LA REINE

C'est drôle. Je n'ai jamais eu peur que du calme.
La reine redescend vers la table.
Rien ne manque?

ÉDITH

Non, Madame. J'ai surveillé le duc.

LA REINE

Appelez-le Félix. Ce que vous pouvez être agaçante quand vous dites le duc.

ÉDITH

Je me conforme à l'étiquette.

LA REINE

Savez-vous pourquoi j'aime tant l'orage? J'aime
l'orage parce qu'il arrache les étiquettes et que son
désordre offense le vieux cérémonial des arbres et des
animaux. L'archiduchesse, ma belle-mère, c'est l'étiquette. Moi, c'est l'orage. Je comprends qu'elle me
craigne, qu'elle me combatte et qu'elle me surveille
de loin. Vous lui écrirez sans doute que je soupe cette
nuit avec le roi.

ÉDITH

Oh! Madame...

LA REINE

Écrivez-le-lui. Elle s'écriera : « La pauvre folle. »
Et pourtant, j'invente une étiquette. Elle devrait être
contente. Vous pouvez vous coucher, Édith. Fourrez-
vous sous les couvertures, priez et tâchez de dormir.
Vous devez être bien fatiguée du voyage. Si j'ai
besoin de la moindre chose, je préviendrai Tony.
Encore un que l'orage effraye. Il ne se couchera pas
de sitôt.

ÉDITH

L'archiduchesse me punirait si elle apprenait que
la reine est restée seule.

LA REINE

Êtes-vous aux ordres de l'archiduchesse, Édith,
ou êtes-vous aux miens? Je vous ordonne de me
laisser seule et d'aller dormir.

ÉDITH, *après une longue révérence.*

Je crains, hélas, sur ce second article, de ne pouvoir obéir à la reine. Je veillerai. Je serai prête à lui
rendre service au cas où elle aurait besoin de ma
présence.

LA REINE

Nous sommes bien d'accord, n'est-ce pas? L'étiquette vous autorise à entrer dans ma chambre à n'importe quelle heure du jour ou de la nuit. Mais mon étiquette, à moi *(elle souligne)*, mon étiquette à moi, exige que personne au monde ne pénètre cette nuit dans ma chambre, même si la foudre tombe sur le château. C'est notre bon plaisir. *(Elle rit.)* Cher bon plaisir! Voilà le dernier refuge des souverains. Leur dernière petite chance. Leur libre arbitre en quelque sorte. Bonsoir, mademoiselle de Berg. *(Elle rit.)* Je plaisantais. Bonsoir, ma petite Édith. Mes femmes me déshabilleront. Elles ne dorment que d'un œil. Allez vous étendre, vous cacher la tête sous une table ou jouer aux échecs. Vous êtes libre.

> *Elle agite la main.*
> *Édith fait ses trois plongeons, recule et sort par la porte de droite.*

SCÈNE III

LA REINE, *seule.*

Restée seule, la reine s'immobilise, debout contre la porte. Elle écoute. Ensuite, elle respire l'odeur du parc orageux et de la pluie, devant la fenêtre. Un éclair et le tonnerre l'enveloppent. Elle va jusqu'à la table, surveille les bougies, constate que tout est comme elle le veut. Elle tisonne les braises. Elle s'arrête devant le portrait du roi. Le roi, âgé de vingt ans, y porte le costume des montagnards. La reine tend la main vers le portrait.

LA REINE

Frédéric!... Venez, mon chéri. *(Elle feint d'accompagner le roi, par la main, jusqu'à la table. Toute la scène sera mimée par l'actrice comme si le roi se trouvait dans la chambre.)*

Nous avons bien mérité d'être un peu tranquilles. Seuls avec un orage qui se déchaîne exprès pour nous séparer du reste du monde. Le ciel qui tonne, le feu qui flambe et le repas de campagne de nos belles chasses au chamois.

Buvez, mon ange. *(Elle enlève la bouteille du seau à glace et verse à boire.)* Trinquons. *(Elle heurte son verre contre celui du roi.)* C'est un vrai vin de montagnards. Voilà qui nous change de cette effroyable cérémonie. Frédéric, vous faisiez une si drôle de grimace. — Quoi? — C'était la couronne. Elle n'était pas faite pour vous, mon pauvre amour, et l'archevêque avait bien du mal à la mettre en équilibre sur votre tête. Vous avez failli éclater de rire. Et l'archiduchesse qui me répétait toutes les cinq minutes : « Tenez-vous droite. » Je me tenais droite. Je traversais en rêve cette foule, ces acclamations, ces pétards, ce bombardement de fleurs. On ne nous a pas épargné une seule épreuve de cette interminable apothéose.

Le soir, nous sommes montés en chaise de poste... et nous voilà. Nous ne sommes plus un roi et une reine. Nous sommes un mari et une femme fous l'un de l'autre et qui soupent ensemble. C'est à peine croyable. Dans cette chaise de poste, je me disais : Impossible. Nous ne serons jamais seuls.

L'orage se déchaîne.

Et maintenant, Frédéric, puisque vous buvez, que vous mangez, que vous riez et que l'archiduchesse n'est pas là pour me le défendre, je vais vous tirer les cartes. Pendant nos chasses, nous nous les faisions tirer en cachette par les bohémiennes. Tu te rappelles... Et je suis devenue leur élève. Et tu m'entraînais dans le grenier du palais pour que je te les tire et que personne ne nous y découvre. *(Elle se lève et va chercher un jeu de cartes à l'angle de la cheminée. Elle le bat.)*

Coupe. *(Elle pose le jeu de cartes sur la table et fait comme si le roi coupait. Puis elle s'assoit et dispose les cartes en éventail.)*

Le grand jeu.

A travers l'orage, on entend un coup de fusil

*lointain, un autre, un troisième. La reine lève
la tête et s'immobilise.*

Ces pétards de la foule nous poursuivront jusqu'à
Krantz. On tire, Frédéric, on tire. Arriverait-il du
neuf? *(Elle termine son éventail de cartes.)* Cela m'éton-
nerait. On peut battre et rebattre les cartes, couper
et varier leur éventail, elles répètent toujours la
même chose, obstinément. Je me sers d'un éventail
noir pour cacher mon visage. Le destin se sert
d'un éventail noir et rouge pour montrer le sien.
Mais le sien ne change jamais. Regarde, Frédéric.
Toi, moi, les traîtres, l'argent, les ennuis, la mort.
Qu'on les tire dans la montagne, au grenier ou à
Krantz, les cartes n'annoncent rien qu'on ne sache.
(Elle compte avec l'index.) Un, deux, trois, quatre,
cinq — la reine. Un, deux, trois, quatre, cinq —
le roi. Un, deux, trois, quatre, cinq... *(nouvelle
fusillade lointaine)*. Frédéric, écoute... *(Elle reprend.)*
Un, deux, trois, quatre, cinq. Une méchante femme...
tu la reconnais... Un, deux, trois, quatre, cinq...
une jeune fille brune : Édith de Berg — un, deux,
trois, quatre, cinq — des ennuis d'argent. *(Elle rit.)*
C'est toujours ton théâtre ruineux et mes châteaux
néfastes. Un, deux, trois, quatre, cinq : un méchant
homme. Salut, comte de Foëhn, vous ne manquez
pas à l'appel. Un, deux, trois, quatre, cinq : la mort.
Un, deux, trois, quatre, cinq. *(Tirs plus rapprochés.
La reine reste le doigt en l'air et regarde la fenêtre. Elle
reprend :)* Un, deux, trois, quatre, cinq. Et voilà le
jeune homme blond qui nous intriguait tant. Qui
est-ce, Frédéric? Je me le demande... Un, deux, trois,
quatre, cinq...

> *Éclair et coup de tonnerre plus forts que les
> autres. Lueur intense. Soudain, s'accrochant
> au balcon, une forme l'escalade, retombe, se
> dresse debout dans le cadre de la fenêtre et
> descend d'un pas dans la chambre. C'est un
> jeune homme, exactement semblable au portrait
> du roi. Il porte le costume des montagnards.
> Il est décoiffé, inondé, hagard. Son genou droit
> est barbouillé de sang.*

SCÈNE IV

LA REINE, LE JEUNE HOMME

LA REINE, *poussant un cri terrible.*

Frédéric! *(Elle se lève d'une pièce, dressée derrière la table. Le jeune homme demeure immobile, debout.)*

Frédéric!... *(Elle repousse la table en balayant les cartes. Au moment où elle va s'élancer vers l'apparition, le jeune homme tombe raide à l'intérieur de la chambre. On entend des coups de feu et des appels. La reine n'est plus derrière la table. Elle n'hésite pas. Elle se précipite vers le jeune homme évanoui, se détourne, empoigne une serviette, la plonge dans le seau à glace, s'agenouille près du jeune homme et le gifle avec la serviette glacée. Elle le soulève. Il ouvre les yeux et regarde autour de lui.)*

> *Dans la scène suivante, la reine déploiera cette décision et cette puissance sportive qu'on devine sous son aspect fragile.*

Vite. Faites un effort. Levez-vous. *(Elle essaie de le soulever.)* Vous m'entendez? Levez-vous. Levez-vous immédiatement.

> *Le jeune homme tente de se lever, trébuche et se dresse sur les genoux. A ce moment la sonnette tinte.*

Je vous lèverai de force. *(La reine le prend sous les bras et l'aide. Le jeune homme se redresse comme un ivrogne. Elle le secoue par les cheveux. Il fait un pas.)*

> *Bas, l'entraînant vers le baldaquin.*

Comprenez-moi. Vous n'avez qu'une seconde pour vous cacher. On vient. *(Deuxième sonnette.)* Allez, allez. *(Elle le pousse derrière le baldaquin.)* Et ne bougez plus. *(On frappe à la porte de droite.)* Si vous remuez, si vous vous laissez tomber, vous êtes mort. Vous avez mis du sang partout. *(Elle arrache un couvre-pied de fourrure et le jette sur le tapis.) (Haut.)*

Qui est là? C'est vous, Édith?

voix d'édith *derrière la porte.*

Madame!

LA REINE

Eh bien, entrez. *(Édith entre et referme la porte. Elle est pâle, bouleversée. Elle peut à peine ouvrir la bouche.)* Qu'est-ce que c'est? Je vous donne des ordres et vous passez outre. Expliquez-vous. Vous êtes malade?

SCÈNE V

LA REINE, ÉDITH

ÉDITH

C'était si grave. J'ai cru que je pouvais me permettre...

LA REINE

Qu'est-ce qui est grave? Vous avez vu un fantôme? Qu'est-ce que vous avez? Ce qui est grave, c'est de me désobéir.

ÉDITH

La reine a entendu les coups de feu...

LA REINE

Je vous quitte mourante de peur à cause d'un orage et je vous retrouve presque évanouie à cause d'un coup de feu. C'est le comble. Alors, mademoiselle de Berg, l'orage vous énerve, vous entendez tirer, dans le parc, je ne sais qui sur je ne sais quoi et vous en profitez pour prendre sur vous de venir me déranger dans ma chambre.

ÉDITH

Que Madame me laisse parler.

LA REINE

Parlez, mademoiselle, si cela vous est possible.

ÉDITH

La police...

LA REINE

La police? Quelle police?

ÉDITH

La police de Sa Majesté, c'est elle qui tirait. Les hommes sont en bas.

LA REINE

Je ne comprends rien à vos explications. Tâchez d'être claire. M. de Foëhn est en bas?

ÉDITH

Non, Madame. Le comte de Foëhn n'accompagne pas sa brigade, mais le chef se recommande du comte de Foëhn auprès de Votre Majesté.

LA REINE

Que veut-il?

ÉDITH

Ils avaient organisé une véritable battue dans la montagne contre un malfaiteur. Le malfaiteur s'est introduit dans le parc du château de Krantz. Votre Majesté n'a rien aperçu de suspect?

LA REINE

Allez... allez...

ÉDITH

Le chef sollicite de Votre Majesté le droit de fouiller le parc et les communs.

LA REINE

Qu'ils fouillent et qu'ils tirent tant qu'ils le veulent pourvu qu'on ne me rebatte plus les oreilles avec ces niaiseries.

ÉDITH

Oh! Madame. Ce ne sont pas des niaiseries...

LA REINE

Et qu'est-ce que c'est alors, s'il vous plaît?

ÉDITH

Que Sa Majesté m'autorise à tout lui dire.

LA REINE

Il y a une heure que je vous le demande.

ÉDITH

Je n'osais pas.

LA REINE

Vous n'osiez pas? Serait-ce une affaire qui me concerne?

ÉDITH

Oui, Madame.

LA REINE

Par exemple! Et quel est ce singulier malfaiteur contre lequel ma police organise des battues?

ÉDITH, *elle se cache la figure dans les mains.*

Un assassin.

LA REINE

Il a tué un homme?

ÉDITH

Non, Madame, il voulait tuer.

LA REINE

Qui?

ÉDITH

Vous. *(Se reprenant.)* Enfin... la reine.

LA REINE

De mieux en mieux. La police est bien instruite et

les assassins ont double vue. Vous oubliez, Édith, que je me déplace de château en château sans prévenir personne. J'ai décidé hier, à Wolmar, de coucher cette nuit à Krantz. J'ai fait le voyage d'une traite. Il est bizarre que les assassins et la police soient instruits de mes démarches les plus secrètes. Si je décidais d'alerter ma police, un courrier rapide ne la préviendrait pas avant demain.

ÉDITH

Voilà ce que m'a expliqué le chef. Un groupement dangereux complote contre Votre Majesté. Un jeune homme a été choisi pour exécuter les ordres. Ce jeune homme, ne sachant où trouver la reine, s'est d'abord rendu chez sa mère, une paysanne qui habite le village de Krantz. Le comte de Foëhn — que Votre Majesté m'excuse — qui savait ou prévoyait le séjour anniversaire de Votre Majesté à Krantz, a cru que le criminel se rendait à Krantz pour tenter de l'y joindre et faire son coup. Une brigade l'a suivi à la piste. Mais au moment où cette brigade cernait la maison du village, le criminel s'est sauvé. Il est libre. On le cherche. Il rôde. Il se dissimule dans le parc. Madame comprendra peut-être mon angoisse et que j'avais une excuse pour lui déplaire et pour lui désobéir.

Elle fond en larmes.

LA REINE

Ah! je vous en prie, ne pleurez pas. Est-ce que je pleure? Suis-je morte? Non. Et les hommes du comte de Foëhn gardent le château. Ils montent la garde sous mes fenêtres. *(La reine marche dans la chambre, les mains dans le dos.)* De plus en plus étrange... On prépare un attentat contre la reine et le comte de Foëhn ne se dérange pas en personne. Il envoie une brigade! Et... puis-je savoir si le chef de sa police possède quelques lumières sur l'identité du criminel?

ÉDITH

Votre Majesté le connaît.

LA REINE

Serait-ce le comte de Foëhn?

ÉDITH, *très choquée.*

Votre Majesté plaisante. Le criminel est l'auteur de ce poème paru dans une publication clandestine et que la reine a eu l'extrême faiblesse d'approuver et d'apprendre par cœur.

LA REINE, *vivement.*

C'est « Fin de la Royauté » que vous voulez dire?

ÉDITH

Je préfère que ce titre sorte de la bouche de Votre Majesté que de la mienne.

LA REINE

Vous êtes invraisemblable... Eh bien! ma bonne Édith... Vous m'avez trouvée saine et sauve, l'orage s'apaise, la police veille, et vous pourrez enfin dormir. Vous avez une figure de l'autre monde. Qu'on offre à boire aux hommes et que le chef agisse à sa guise. Ne me dérangez plus. Cette fois, je risquerais de le prendre mal.

ÉDITH, *au point de sortir.*

Madame... que Votre Majesté... me laisse au moins... fermer la fenêtre. On peut grimper par le lierre. Je ne dormirais pas si je sentais de loin Votre Majesté avec cette fenêtre grande ouverte sur l'inconnu. Je lui demande cette grâce.

LA REINE

Fermez la fenêtre, Édith. Fermez la fenêtre. Maintenant, cela n'a plus aucune importance.

Édith cadenasse les volets, ferme la fenêtre et tire les lourds rideaux. Puis elle fait ses trois révérences et quitte la chambre en fermant lentement la porte.

SCÈNE VI

LA REINE, STANISLAS

La reine écoute le départ d'Édith de Berg et ses portes qui se ferment. Elle avance dans la chambre, de quatre pas.

LA REINE, *vers le lit.*

Sortez.

> *Stanislas sort de derrière le baldaquin. Il reste à l'angle de la tête du lit, immobile.*

Vous n'avez rien à craindre.

> *Le genou de Stanislas saigne toujours. Il ne lève pas les yeux sur la reine qui marche de long en large.*

Eh bien! cher monsieur, vous avez entendu? Je suppose que nous n'avons plus beaucoup à apprendre l'un de l'autre.

> *Elle ramasse son éventail sur le lit, mais ne l'ouvre pas. Elle s'en servira comme d'un bâton, pour frapper les meubles et scander ses paroles.*

Comment vous appelez-vous?

Silence.

Vous refusez de me dire votre nom. Je vais vous le dire. La mémoire des souverains est terrifiante. Vous vous appelez Stanislas. Votre nom de famille, je ne le connais pas et je ne veux pas le connaître. Vous avez publié sous le titre FIN DE LA ROYAUTÉ, — et sous le pseudonyme d'Azraël — un beau nom!... l'ange de la mort... — un court poème qui cherchait à m'atteindre et qui a fait scandale. On se passait la publication clandestine, de main en main. J'admire ce poème, cher monsieur. Et, l'avouerai-je, je le connais par cœur.

On a publié contre nous des poèmes interminables. Ils étaient tous d'une éloquence médiocre. Le vôtre était court et il était beau. J'ai remarqué, en outre, et je vous en félicite, que le scandale venait davantage de la forme du poème que de ce qu'il exprime. On le trouvait obscur et, pour tout dire, absurde. Ce n'étaient ni des vers ni de la prose et cela — ce n'est pas moi qui parle — ne ressemblait à rien.

C'était un motif pour me plaire.

Ne ressembler à rien. Ne ressembler à personne. Il n'existe pas d'éloge qui puisse me toucher davantage.

Pour moi, cher monsieur, Stanislas n'existe plus. Vous êtes Azraël, l'ange de la mort, et c'est le nom que je vous donne.

Silence.

Approchez.

> *Stanislas ne bouge pas. La reine frappe du pied.*

Approchez! *(Stanislas avance d'un pas.)* Voici le portrait du roi. *(Elle le désigne de l'éventail. Stanislas lève les yeux sur le portrait et les baisse aussitôt.)* Ce portrait a été peint pendant nos fiançailles. Le roi y porte votre costume. Il avait vingt ans.

Quel âge avez-vous?

Silence.

... Vous deviez avoir dix ans à cette époque et sans doute étiez-vous un des garnements qui jetaient des pétards et couraient après notre carrosse.

Vous n'ignorez pas, je suppose, cette extraordinaire ressemblance? Je devine qu'elle n'est pas étrangère à votre apparition. Ne mentez pas! — Sans doute vos complices ont-ils estimé — à juste titre — que cette ressemblance me surprendrait, m'immobiliserait, et vous aiderait à réussir votre coup.

Mais, cher monsieur, les choses n'arrivent jamais comme on les imagine. Je me trompe?

Stanislas garde le silence.

C'est la troisième fois que la reine vous interroge.

Silence.

Soit. Les circonstances où nous sommes abolissent

l'étiquette et nous obligent à inventer nos rapports.
Un temps.
Vous saviez que j'habitais le château de Krantz?
Silence.
Je vois. On vous a cousu la bouche. Et, cependant,
on aime parler dans vos groupes. Avez-vous dû
parler, en dire et en entendre dire!

Eh bien, cher monsieur, il se trouve que, moi, je
me tais depuis dix ans. Il y a dix ans que je m'oblige
à me taire et à ne montrer mon visage à personne,
sauf à ma lectrice. Je le cache sous un voile ou derrière un éventail.

Cette nuit, je montre mon visage et je parle.

Dès neuf heures du soir (était-ce l'orage ou un
pressentiment) j'ai parlé à ma lectrice. Il est vrai
que je ne lui dis que ce que je désire qu'elle répète.

J'ai parlé à ma lectrice, et, après, j'ai parlé toute
seule. Je continue. Je parle. Je parle. Je vous parle.
Je me sens parfaitement capable de faire les questions
et les réponses. Moi qui me plaignais qu'il ne se
produise rien de neuf [1]! Il y a du neuf à Krantz. Il y
a du neuf. Je suis libre. Je peux parler et me montrer. C'est magnifique.

La reine se dirige vers le fauteuil de la table.

Racontez-moi donc votre aventure... *(Elle va
s'asseoir et brusquement se ravise, trempe une serviette
dans le seau à glace, marche vers Stanislas.)* Tenez...
Bandez d'abord votre genou. Le sang coule sur
votre jambière. *(Stanislas recule.)* Il faudra donc
que je bande votre genou moi-même. Tendez la
jambe. *(Stanislas s'écarte davantage.)* Mais vous
êtes impossible! Soignez-vous ou laissez-vous soigner.
(Elle lui jette la serviette.) Je supporte fort bien le
silence. Mais je n'aime pas la vue du sang. *(Stanislas
a pris la serviette et se bande le genou. La reine retourne
s'asseoir dans son fauteuil.)*

Racontez-moi votre aventure. *(Silence.)* Où avais-

---

1. Les acteurs doivent respecter les fautes de syntaxe du
langage parlé.

je la tête? J'oubliais que c'est à moi de vous la raconter. *(Elle s'installe et s'évente.)*

On vous donne l'ordre de me tuer. On vous arme. On vous charge de découvrir le château dans lequel je me trouve, car je change sans cesse de résidence. Peut-être vous avait-on indiqué Wolmar... peut-être Krantz. Mais, même en admettant qu'une influence secrète, et dont je me doute, ait deviné que j'habiterais à Krantz cette nuit, il était impossible de vous indiquer ma chambre. J'en possède quatre.

Vous êtes monté droit dans ma chambre. *(Elle agite la dernière carte du grand jeu.)* Il m'est impossible de ne pas saluer en vous le destin.

> *Stanislas a fini de nouer le pansement. Il se redresse et demeure immobile à la même place.*

Vous quittez ma ville. Vous ne doutez pas de l'issue de votre entreprise. Elle entraînera ma mort et la vôtre.

Avant de vous mettre en route, vous embrasserez votre mère. C'est une paysanne de Krantz. Les policiers vous suivent. Ils cernent le chalet. Vous en connaissez les moindres cachettes. Vous vous échappez. L'orage vous aide. Et, là commencent les poursuites, la chasse, les roches, les ronces, les chiens, le feu des hommes et du ciel qui vous tirent dessus. Cette course épuisante de bête traquée vous mène jusqu'au château.

> *Un temps.*

Dans cette chambre — imaginez-vous — je fêtais un anniversaire. L'anniversaire de la mort du roi. Ce fauteuil vide était le sien. Ce miel et ce fromage de chèvre, le genre de repas qu'il aime.

En bas, dans l'ombre, votre blessure saigne. Vous manquez vous trouver mal de fatigue. Un coup de feu. Les chiens aboient. Encore un effort. Une fenêtre ouverte. Vous vous accrochez aux lierres, vous grimpez, vous escaladez, vous m'apparaissez.

J'ai cru, je l'avoue, voir le spectre du roi. J'ai cru que votre sang était le sien. J'ai crié son nom. — Vous vous êtes évanoui.

Mais ce n'est pas de cette façon que les spectres s'é-
vanouissent. Ils ne s'évanouissent qu'au chant du coq.

*La reine ferme son éventail et le claque. Elle se
lève.*

Réchauffez-vous. Approchez-vous du feu. Vos vête-
ments ne doivent plus être qu'une éponge.

*Comme hypnotisé, Stanislas traverse la chambre
et s'accroupit devant le feu. La reine tourne
autour de la table et se place, debout, derrière le
fauteuil du roi.*

Le roi — vous le savez — a été assassiné en chaise
de poste. Nous nous rendions à Krantz, après la
cérémonie. Un homme a sauté sur le marchepied,
un bouquet à la main. J'ai cru qu'il écrasait les fleurs
contre la poitrine de Frédéric. Je riais.

Les fleurs cachaient un couteau. Le roi est mort
avant que j'arrive à rien comprendre.

Par exemple, ce que vous ne savez pas, c'est qu'il
portait le costume des montagnards, et que, quand
on a retiré le couteau, le sang a jailli sur ses genoux.

La reine s'approche de la table.

Mangez. Buvez. Vous devez avoir faim et soif.

*Stanislas reste accroupi devant le feu, son
visage fermé à triple tour.*

Je ne vous demande pas de me parler. Je vous
demande de vous asseoir. Vous avez perdu beaucoup
de sang. Prenez ce siège. C'est le fauteuil du roi.
Et si je vous offre de vous y asseoir, c'est parce que
j'ai décidé — dé-ci-dé — de vous traiter d'égal à
égal. En ce qui me concerne, je ne peux plus vous
envisager comme un homme.

Quoi? Vous me demandez qui vous êtes? Mais,
cher monsieur, vous êtes ma mort.

C'est *ma* mort que je sauve. C'est *ma* mort que
je cache. C'est *ma* mort que je réchauffe. C'est *ma*
mort que je soigne. Ne vous y trompez pas.

*Stanislas se lève, s'approche du fauteuil et s'y
laisse glisser.*

Parfait. Vous m'avez comprise.

Elle lui verse à boire.

On a tué le roi parce qu'il voulait bâtir un théâtre et on veut me tuer parce que je construis des châteaux. Que voulez-vous? Nos familles ont le culte enragé de l'art. A force d'écrire des vers médiocres, de peindre des tableaux médiocres, mon beau-père, mes oncles, mes cousins se sont lassés et ils ont changé de méthode. Ils ont voulu devenir des spectacles. Moi, je rêve de devenir une tragédie. Ce qui n'est pas commode, avouez-le. On ne compose rien de bon dans le tumulte. Alors, je m'enferme dans mes châteaux.

Depuis la mort du roi, je suis morte. Mais le deuil le plus dur n'est pas une vraie mort. C'est morte comme le roi qu'il me faut être. Et ne pas prendre, pour la mort, une route de hasard où je risquerais de me perdre et de ne pas arriver jusqu'à lui.

La reine montre à Stanislas un médaillon qu'elle porte au cou.

J'ai même obtenu de mes chimistes un poison que j'ai suspendu à mon cou et qui est une merveille. La capsule est longue à se dissoudre. On l'absorbe. On sourit à sa lectrice. On sait qu'on porte sa fin en soi et nul ne s'en doute. On s'habille en amazone. On monte à cheval. On saute des obstacles. On galope. On galope. On s'exalte. Quelques minutes après, on tombe de cheval. Le cheval vous traîne. Le tour est joué.

Je conserve cette capsule par caprice. Je ne l'emploierai pas. Je me suis vite rendu compte que le destin doit agir tout seul.

Voilà dix ans que j'interroge une bouche d'ombre qui garde le silence. Dix ans que rien ne s'exprime du dehors. Dix ans que je triche. Dix ans que tout ce qui m'arrive me vient de moi et que c'est moi qui le décide. Dix ans d'attente. Dix ans d'horreur. J'avais raison d'aimer l'orage. J'avais raison d'aimer la foudre et ses effrayantes espiègleries. La foudre vous a jeté dans ma chambre. Et vous êtes mon destin. Et ce destin me plaît.

Stanislas ouvre la bouche comme pour parler.
Que dites-vous?

Stanislas referme la bouche. Il se crispe dans
son silence.

Mais dénouez-vous donc, tête de mule! Vos veines
éclatent. Vos poings éclatent. Votre cou éclate. Sortez de ce silence qui vous tue. Qui d'autre que moi
peut vous entendre? Criez! Trépignez! Insultez-moi.
Tête de mule! Tête de mule! Vous rendez-vous
compte de ce qui se passe?

La reine s'élance vers la fenêtre. Elle s'y
retourne et parle plantée debout, devant le rideau.

Au lieu de chanceler à cette place où je me trouve,
au lieu d'être épuisé par votre course et par votre
blessure, si vous m'aviez reconnue et abattue? Hein?
Dites-moi qui vous étiez? Dites-le-moi? Dites ce
mot qui vous sort de la bouche, écrit sur une ban-
derole. — Un assassin. Vous vous êtes évanoui.
Est-ce ma faute? Je vous ai relevé, caché, sauvé,
je vous ai fait asseoir à ma table. J'ai rompu, en
votre honneur, avec toutes les convenances, tous les
protocoles qui règlent la conduite des souverains.
Me tuer va être plus difficile, je vous l'accorde. C'est
une autre affaire. Il va vous falloir devenir un héros.
Ce n'est rien de tuer par surprise, par élan. Tuer,
la tête froide et la main chaude exige une autre
poigne. Vous ne pouvez plus reculer devant votre
acte. Il est en vous. Il est vous. Votre crime vous
travaille. Aucune force humaine ne pourrait vous en
éviter le dénouement. Aucune! Sauf la pire de toutes!
la faiblesse. Et je ne vous fais pas l'injure de vous
croire capable d'un échec aussi ridicule. Et autant
il me déplairait d'être la victime d'un meurtre,
autant il m'arrange qu'un héros me tue.

Stanislas qui se cramponne à la table tire la
nappe et entraîne ce qui se trouve dessus.

A la bonne heure! Arrachez! Renversez! Cassez!
Soyez un orage!

Elle marche sur lui.

Une reine! « Qu'est-ce que je sais d'une reine?
Ce qu'elle raconte et qui n'est peut-être que des
mensonges. Qu'est-ce que je vois d'une reine? Une
femme en robe de cour qui tâche de gagner du
temps.

« Ce luxe, ces candélabres, ces bijoux m'insultent
et insultent mes camarades. Vous méprisez la foule.
J'en sors. »

> *La reine frappe du pied.*

Taisez-vous! Taisez-vous! ou je vous frappe au
visage.

> *La reine passe la main sur ses yeux.*

Que savez-vous de la foule?
Je me montre. La foule m'acclame.
Je me cache. La foule adopte la politique de l'ar-
chiduchesse et du comte de Foëhn.

> *La reine s'assoit au bout du lit.*

Au sujet du comte de Foëhn, il y a beaucoup à
dire. C'est le chef de ma police. Le connaissez-vous,
petit homme? C'est une fort laide figure. Il complote.
Il rêve d'une régence et d'en tenir le gouvernail.
L'archiduchesse le pousse. Je la crois amoureuse
de lui.

Il serait drôle, sans le savoir, que vous fussiez
son arme secrète. Cela m'expliquerait votre fuite,
la mollesse de la brigade, et avec quelle aisance vous
avez glissé entre ses mains. D'habitude, Foëhn ne
rate pas son homme. Il est vrai qu'il n'a pas daigné
se déranger lui-même lorsque la vie de sa reine était
en jeu.

Pauvre comte! S'il pouvait se douter du service
qu'il vient de me rendre...

> *Pendant ce qui précède les yeux de Stanislas
> se sont posés, dans la chambre, un peu partout.
> Il les ramène à la table et les baisse.*

Mais laissons là ce personnage et réglons nos
propres affaires. *(D'une voix de chef.)* Vous êtes
mon prisonnier. Un prisonnier libre. Avez-vous un
couteau? Un pistolet?... Je vous les laisse. Je vous

donne trois jours pour me rendre le service que
j'attends de vous. Si, par malheur, vous m'épar-
gnez, je ne vous épargnerai pas. Je hais les faibles.

Vous n'aurez de contact qu'avec moi. Vous ren-
contrerez Mlle de Berg et le duc de Willenstein qui
assurent mon service intime. Ce sera le bout du
monde.

Mlle de Berg est ma lectrice. On ne lit pas plus
mal. Je dirai que vous êtes mon nouveau lecteur et
que, pour vous introduire à Krantz, j'ai machiné
cette nuit romanesque. De moi, rien ne les étonne.

Ils vous haïront, mais ils vous respecteront, parce
que je suis la reine. Après-demain, Mlle de Berg,
qui renseigne l'archiduchesse, aura ébruité le scandale. Nous n'avons, vous le voyez, pas un jour à
perdre. Je me résume : si vous ne m'abattez pas,
je vous abats.

> *Pendant que la reine parle, sans regarder
> Stanislas, comme un capitaine, il s'est passé
> ceci : Stanislas, à force de tension intérieure,
> est presque tombé en syncope. Il a chancelé,
> s'est appuyé au fauteuil. Il porte la main à ses
> yeux et tombe assis comme une masse. La reine
> se méprend et croit que Stanislas se force à
> commettre une grossièreté. Elle secoue la tête de
> droite à gauche avec tristesse et le regarde.*

Non, monsieur, merci. Je ne sens jamais la fatigue.
Souffrez que je reste debout.

> *La reine retourne vers la fenêtre et tire les
> rideaux. Elle ouvre la fenêtre, décadenasse les
> volets, les écarte. La nuit est calme. Une nuit
> de glaciers et d'étoiles.*

Plus d'orage. La paix. Le parfum des arbres. Les
étoiles. Et la lune qui promène sa ruine autour des
nôtres. La neige. Les glaciers.

Que les orages sont courts! Que la violence est
courte! Tout retombe et tout s'endort.

> *La reine regarde longuement les étoiles. Elle
> referme lentement les volets, lentement la fenêtre
> et tire lentement les rideaux. Lorsqu'elle se*

retourne, elle croit que Stanislas s'est endormi.
Sa tête penche jusqu'à toucher la table. Une de
ses mains pend. La reine s'empare d'un des
flambeaux et l'approche du visage de Stanislas,
l'éclaire, l'observe de près. Elle pose légèrement
le revers de sa main, qu'elle a dégantée, sur son
front.

   Puis elle ouvre la porte secrète. Tony paraît.
C'est un noir en uniforme de mameluk. Il s'in-
cline et s'arrête sur le seuil. Il est sourd-muet.
La reine remue les lèvres. Tony s'incline. La
reine se trouve, à ce moment, derrière le fauteuil
de Stanislas. Elle ramasse son éventail sur la
table et lui frappe l'épaule. Il ne bouge pas. Elle
contourne le fauteuil et le secoue doucement. Elle
secoue davantage.

Mais... Dieu me pardonne!... Tony! Puisque tu ne
peux pas m'entendre, je vais te dire la vérité! Ce
garçon se trouve mal parce qu'il crève de faim.

                              Elle l'appelle.

Monsieur!... Monsieur!...

   Stanislas remue. Il ouvre les yeux. Il les cligne.
Il se dresse debout, hagard.

   STANISLAS, *d'une voix de fou.*

Qu'est-ce que c'est? Qu'est-ce que c'est? Qu'est-ce
qu'il y a?... *(Il regarde autour de lui et aperçoit Tony*
dans l'ombre.) Mon Dieu!

          LA REINE

Qu'avez-vous?... Voyons, petit homme. Tony vous
effraye? Il n'y a pas de quoi. C'est le seul être en
qui je puisse avoir confiance. Il est sourd-muet, et
lui, c'est un sourd-muet véritable.

                    Elle rit d'un rire ravissant.

Nous bavardons par signes. Il lit les mots sur ma
bouche. J'ai pu lui donner mes ordres sans déranger
votre sommeil.

Stanislas a un nouveau malaise. Il s'appuie, la tête en arrière, de dos, contre la table qui glisse.

Hé là!... mais vous n'êtes pas bien du tout. *(Elle le soutient. Et avec une grâce maternelle.)* Je sais ce que vous avez, tête de mule. Et puisque vous refusez ce qui se trouve sur cette table, Tony vous servira dans votre chambre. Il va vous y conduire. Il est fort. Il vous soignera, il vous gavera, il vous couchera, il vous bordera. Et demain, il vous habillera.

Tony descend jusqu'à la table, prend un des candélabres qui brûlent et se dirige vers la petite porte. Il l'ouvre et disparaît dans le couloir. Stanislas s'apprête à le suivre. Il se retourne avant de disparaître.

Nourrissez-vous et couchez-vous. Prenez des forces... Bonne nuit. La journée sera rude. A demain.

RIDEAU

ACTE II

La bibliothèque de la reine, à Krantz. C'est une grande pièce pleine de livres sur des rayons et sur des tables. Au fond, un escalier de bois monte, largement et de face, à la galerie supérieure, elle-même revêtue de livres et ornée de têtes de chevaux. En haut de cet escalier à rampe et à boules de cuivre, petit palier et vaste fenêtre ouverte sur le ciel du parc. A gauche et à droite de cette fenêtre, bustes de Minerve et de Socrate.

Au premier plan à droite, une grande table ronde porte une sphère céleste et un candélabre. Large fauteuil et chaise près de la table. Au fond, derrière la table, une sorte de chevalet de tir où s'accrochent des cibles. Sur le sol, partant de ce chevalet jusqu'à l'extrême gauche où s'ouvre une porte, prise dans la bibliothèque, un chemin de linoléum. Auprès des cibles, râtelier de carabines et de pistolets. A droite et à gauche, portes parmi les livres. Entre la porte et le premier plan de gauche, le mur est recouvert d'une immense carte de géographie au-dessus d'un poêle de faïence blanche. Devant le poêle, chaises et fauteuils confortables. Parquet qui miroite et carpettes rouges. Lumière de l'après-midi.

Au lever du rideau, Félix de Willenstein, aidé de Tony, arme les carabines, les pistolets et les range sur le râtelier. Il fait fonctionner le chevalet qui avance et recule sur des rails jusque dans un renfoncement hors de vue du public. Tony lui passera les cibles qu'il fixe sur le chevalet.

SCÈNE PREMIÈRE

FÉLIX, TONY.

FÉLIX, *il s'arrange pour que sa bouche ne soit pas vue de Tony, car il peut lire sur les lèvres.*

Tiens créature immonde, frotte les canons. *(Il lui passe une peau.)* Et que ça brille.

Le duc de Willenstein aux ordres d'un singe! Et la reine tolère cela. Et la reine l'encourage. Et la reine te montre sa figure. Il est vrai qu'elle la montre à un singe. Ne t'imagine pas que c'est un privilège. C'est l'expression parfaite de son dégoût.

Pendant qu'il achève de vérifier et de ranger les armes, Édith entre par la galerie de droite et descend l'escalier.

SCÈNE II

FÉLIX, TONY, ÉDITH

ÉDITH

Vous parlez tout seul?

FÉLIX

Non. Je profite de ce que Tony ne peut pas m'entendre pour lui dire quelques gentillesses.

ÉDITH, *en bas de l'escalier.*

Méfiez-vous, Félix. Il entend d'après le mouvement des lèvres.

FÉLIX

Je m'arrange pour qu'il ne puisse pas me voir.

ÉDITH

Il est capable d'entendre avec sa peau.

FÉLIX

Qu'il m'entende, après tout. Peu m'importe.

ÉDITH

La reine exige qu'on le respecte.

FÉLIX

Mais je le respecte, Édith, je le respecte. Tenez. *(Il salue Tony.)* Tu peux filer, ordure. Je t'ai assez vu.

Tony salue gravement, regarde une dernière fois les armes et s'éloigne. Il monte l'escalier et disparaît par la galerie de gauche. Bruit de porte.

SCÈNE III

ÉDITH, FÉLIX

ÉDITH, *bas.*

Vous savez ce qui se passe...

FÉLIX

Je sais que le château est sens dessus dessous après l'alerte de cette nuit. On n'a pas trouvé l'homme?

ÉDITH

L'homme est dans le château.

FÉLIX, *soubresaut.*

Vous dites?

ÉDITH

Félix, c'est une histoire incroyable. L'homme est dans le château. Il l'habite. Et c'est la reine qu'il l'y a fait venir.

FÉLIX

Vous êtes folle.

ÉDITH

On pourrait l'être à moins. Ce souper pour le roi,
cette volonté de rester seule, toute cette nuit inquié-
tante, c'était une comédie de Sa Majesté.

FÉLIX

Comment le savez-vous?

ÉDITH

Elle me l'a avoué ce matin. Elle éclatait de rire.
Elle m'a dit qu'elle n'oublierait jamais ma tête.
Que c'était trop drôle. Que Krantz était sinistre.
Qu'elle avait bien le droit de s'amuser un peu.

FÉLIX

Je ne comprends rien.

ÉDITH

Moi non plus.

FÉLIX

La reine sait que vous êtes peureuse. Elle a voulu
se moquer de vous.

ÉDITH

La reine ne ment jamais. L'homme est à Krantz.
Elle le cache. Il s'était blessé dans le parc. Il y a du
sang sur le tapis.

FÉLIX

Je crois que je rêve. Vous dites que la reine a fait
entrer à Krantz un anarchiste qui voulait la tuer.

ÉDITH

Comédie. La reine estime que je suis la plus mauvaise lectrice qui soit au monde. Elle voulait un lecteur et elle savait bien lequel. Quand la reine décide
une chose, ce n'est pas à moi de vous apprendre qu'elle

ne se laisse influencer par personne et qu'elle arrive toujours à ce qu'elle veut.

FÉLIX, *avec un geste de rage.*

Qui est cet homme?

ÉDITH

Vous avez bien dit cela! Eh bien, Félix, il va falloir éteindre votre œil et vous tenir tranquille. La reine m'a chargée de vous donner ses ordres. Cet homme est venu à Krantz, entré à Krantz par un caprice de la reine. Il est son hôte et elle vous prie de le considérer comme tel.

FÉLIX

Mais qui? qui? qui?

ÉDITH

Je vous ménage plusieurs surprises. L'homme est l'auteur du poème scandaleux dont la reine nous chante les louanges. Comment n'ai-je pas deviné que cette admiration extravagante renfermait une bravade et que la reine ne s'en tiendrait pas là?

FÉLIX

L'individu qui signe Azraël serait à Krantz? Habiterait Krantz?

ÉDITH

La reine était attaquée. Il lui fallait vaincre. Du moins, je le suppose. Vous la connaissez. Elle ne m'a donné aucun détail. « Son bon plaisir » sur toute la ligne. Les poètes sont des crève-la-faim aux ordres de qui les paye. Elle n'a pas été longue à se renseigner et à faire changer ce poète de bord. Seulement, comme elle supposait bien que toute la cour, toute la police et tout le château multiplieraient les obstacles, elle a trouvé passionnant d'agir en cachette.

FÉLIX

Et la brigade! Vous oubliez la brigade!

ÉDITH

Le comte de Foëhn était-il là? Non. Alors? Le
chef de la brigade est du parti de la reine. Son alerte
était une fausse alerte. On criait, on tirait, mais on
avait ordre de manquer le but. Une fois au château,
votre gracieux Tony n'avait plus qu'à prendre l'individu par la main et à le conduire auprès de Sa
Majesté.

FÉLIX

Le temps de prévenir l'archiduchesse et qu'elle
intervienne, il peut arriver n'importe quoi.

ÉDITH

Le principal est de ne pas perdre la tête. Vous ne
la perdriez que trop vite. Je vous conseille la plus
grande prudence. Vous savez avec quelle vitesse la
reine passe du rire à la colère. Nous sommes les
seules personnes de Krantz avec qui elle partage ce
secret. Quelque révolte qu'il soulève en nous, notre
rôle est de nous tenir tranquilles et de copier son
attitude. Je me charge du reste.

FÉLIX

Et Sa Majesté compte me mettre en présence de
cet individu.

ÉDITH

N'en doutez pas. Et je vous réservais le meilleur
pour la fin. Cet individu est le sosie du roi.

FÉLIX

Le sosie du roi!

ÉDITH

J'allais quitter la chambre de la reine lorsqu'elle
me rappelle. « Édith vous recevrez sans doute un
choc en apercevant mon nouveau lecteur. Il est chari-
table que je vous avertisse et que vous préveniez
Félix. Vous croiriez voir le roi. C'est une ressemblance
qui tient du prodige. » Et comme je restais sur place,

stupéfaite... « Le roi, a-t-elle ajouté, ressemblait
à un paysan de chez nous. Il n'y a rien de si extraordinaire à ce qu'un paysan de chez nous lui ressemble.
C'est d'ailleurs cette ressemblance qui m'a décidée. »

FÉLIX

Mais c'est monstrueux!

ÉDITH

Félix! Je n'ai pas coutume de juger la reine.

FÉLIX

Dieu m'en garde. Seulement, Édith, c'est à donner
le vertige.

ÉDITH

Je vous l'accorde.

FÉLIX

Un paysan! Quel paysan? Que peut-il y avoir de
commun entre un paysan et un fonctionnaire qui
remplace la comtesse de Berg? Un lecteur de la
reine?

ÉDITH

Ne soyez pas absurde. Un paysan de Krantz a pu
étudier en ville et en savoir davantage que nous.

FÉLIX

Il n'en reste pas moins vrai que nous devons protéger la reine et que ce caprice est une menace de
toutes les minutes.

ÉDITH

Exact.

FÉLIX

Que faire?

ÉDITH

Tenir votre langue et me laisser manœuvrer. Vous
ne supposez pas qu'un nouveau lecteur prenne ma
place sans que j'en ressente quelque amertume.

FÉLIX

Vous conservez votre poste?

ÉDITH

Vous ne supposez pas non plus que la reine admette
ce nouveau lecteur dans son intimité et qu'il puisse
entrer à toute heure du jour ou de la nuit auprès
d'elle. L'étiquette n'envisage aucun lecteur supplé-
mentaire et je ne crois pas que cette innovation de
Sa Majesté fasse long feu.

FÉLIX

La reine a bien voulu faire nommer l'immonde
Tony gouverneur du château d'Oberwald.

ÉDITH

Tout juste, Félix. Elle n'a pas pu y parvenir.
*(Édith a tendu l'oreille et, sur le même ton, elle ajoute,
bas.)* Taisez-vous!

*La reine paraît, venant de la galerie de gauche.
Dès qu'elle paraît, suivie de Tony, en haut des
marches, Édith lui fait face et plonge. Félix, à
côté d'elle, dos au public, claque les talons et
salue de ce salut sec de la tête qui est le salut
des cours. La reine porte une robe d'après-midi,
à jupe très vaste. Un voile lui cache le visage.*

SCÈNE IV

LA REINE, TONY, ÉDITH, FÉLIX

LA REINE *voilée, descendant les marches.*

Bonjour, Félix. Édith, vous l'avez mis au courant?

ÉDITH

Oui, Madame.

LA REINE, *en bas des marches.*

Approchez, Félix. *(Félix remonte jusqu'à la rampe*

de l'escalier.) — Édith a dû vous dire ce que j'attendais de vous. J'ai, pour des raisons qui me sont
propres, fait venir à Krantz un nouveau lecteur
dont j'ai tout lieu de croire qu'il est de premier
ordre. Ce lecteur est un jeune étudiant, natif de
Krantz. Sa ressemblance avec le roi est des plus
curieuses. Mieux que n'importe quelle recommanda-
tion, elle a fini de me convaincre. Il est pauvre.
Il ne porte aucun titre. Je me trompe. Il porte le
plus beau de tous : Il est poète. Un de ses poèmes
vous est connu. Sous le pseudonyme d'Azraël, que
je lui garde, il a publié un texte contre ma personne et qui me plaît. La jeunesse est anarchiste.
Elle s'insurge contre ce qui est. Elle rêve d'autre
chose et d'en être le mobile. Si je n'étais pas reine,
je serais anarchiste. En somme je suis une reine
anarchiste. C'est ce qui fait que la cour me dénigre
et c'est ce qui fait que le peuple m'aime. C'est ce
qui fait que ce jeune homme s'est fort vite entendu
avec moi.
  Je vous devais cette explication. Vous assurez
mon service intime et je ne voudrais pour rien au
monde que vous puissiez vous méprendre sur mes
actes. C'est pourquoi je vous serais reconnaissante
de prouver à ce jeune homme qu'il existe de l'élégance d'âme dans vos milieux.
  Les cartons sont en place? Les armes sont propres?
Tony a dû vous remettre les balles neuves. Vous
êtes libres.

> *Félix s'incline, se dirige vers la porte de droite,
> l'ouvre; là, il s'efface et se retourne vers Édith.*

ÉDITH, *immobile.*

Sa Majesté a peut-être besoin de moi.

LA REINE

Non, Édith. Je vous ai dit que vous étiez libre.
Et n'entrez jamais sans sonner d'abord.

> *Édith plonge, recule et sort devant Félix qui
> referme la porte.*

SCÈNE V

LA REINE, TONY,
puis LA REINE, *seule.* STANISLAS.

*Dès que la porte est refermée, la reine frappe sur
l'épaule de Tony. Il s'incline, monte l'escalier, et disparaît par la gauche. La reine est seule. Elle relève
son voile. Elle décroche une carabine, s'éloigne du
coin des cibles sur le chemin de linoléum, s'arrête à
l'extrême gauche, épaule et vise. Elle tire. Elle approche
du coin des cibles, regarde, remet la carabine, en prend
une autre, retourne à sa place de tireuse et tire une
seconde fois. Même jeu. Mais cette fois, elle décroche
un pistolet et reprend sa place. Elle abaisse l'arme
lorsque Stanislas paraît en haut des marches. Tony
s'arrête sur le palier et rebrousse chemin. Stanislas
descend. Il porte un costume de ville, sombre, à petite
veste boutonnée haut. Un costume du roi.*

LA REINE, *qui se trouve à la gauche de l'escalier,
invisible à Stanislas et l'arme en l'air.*

C'est vous, cher monsieur?

    *Stanislas descend les trois dernières marches
et voit la reine qui s'avance, son arme encore en
l'air à la main.*

Ne vous étonnez pas de me voir avec une arme.
Je tirais à la cible. J'aime de moins en moins la
chasse. Mais j'aime le tir. Tirez-vous juste?

STANISLAS

Je ne crois pas être un mauvais tireur.

LA REINE

Essayez. *(Elle descend jusqu'à la grande table, y
dépose son pistolet, remonte vers les armes, décroche
une carabine et la lui tend.)* Mettez-vous où j'étais.
C'est une mauvaise place pour ceux qui descendent

les marches. D'habitude Tony surveille. Il est vrai
que j'ai l'ouïe très fine. J'entends même les domestiques écouter aux portes. J'entends tout. Feu!

     Stanislas tire.
     La reine se dirige vers le coin des cibles et dé-
clenche le mécanisme. Le chevalet sort de l'ombre.
La reine décroche la cible.

Mouche. Je vous félicite. J'avais tiré un peu à
gauche et un peu en haut.

     Stanislas dépose la carabine sur le râtelier. La
reine garde la cible à la main, et s'en éventera
comme de son éventail.

Asseyez-vous. *(Elle lui désigne un fauteuil à gauche,*
devant le poêle. Elle s'assoit près de la grande table,
s'évente avec la cible et joue avec le pistolet.)
J'espère que votre genou va mieux et que le pan-
sement de Tony ne vous gêne pas trop. Avez-vous
pu dormir à Krantz?

STANISLAS

Oui. Madame. J'ai très bien dormi et mon genou
ne me fait plus mal.

LA REINE

C'est superbe. On dort bien à vingt ans. Vous
avez?...

STANISLAS

Vingt-cinq ans.

LA REINE

Six ans nous séparent. Je suis une vieille dame à
côté de vous. Vous avez fait des études?

STANISLAS

J'ai travaillé seul ou presque seul. Je n'avais pas
les moyens d'étudier.

LA REINE

Il n'y a pas que le manque de moyens qui oblige

à travailler seul. La première fois que mon père a tué un aigle, il n'en revenait pas parce que l'aigle n'avait pas deux têtes comme sur nos armes. Voilà quel était mon père. Un homme rude et charmant. Ma mère voulait faire de moi une reine. Et on ne m'apprenait pas l'orthographe.

Mlle de Berg sait à peine lire sa propre langue. Je ne perdrai pas au change. J'aimerais vous entendre lire, puisque vous voilà devenu lecteur.

STANISLAS

Je suis à vos ordres. *(Il se lève.)*

La reine se lève et va prendre un livre sur la table. Elle dépose la cible près du pistolet.

LA REINE

Tenez, asseyez-vous là. *(Elle lui désigne le fauteuil qu'elle vient de quitter, auprès de la table. Stanislas reste debout. Elle lui tend le livre. Puis elle va s'asseoir dans le fauteuil quitté par Stanislas. Stanislas s'assoit. Il installe le livre sur la table et repousse le pistolet.)*
Méfiez-vous il est chargé.

Ouvrez, lisez. On peut lire Shakespeare n'importe où.

Stanislas ouvre le livre et lit.

STANISLAS, *lisant.*

Scène IV. Une autre chambre dans le même château. Entrent la reine et Polonius.

Polonius. — Il vient. Faites-lui de vifs reproches. Dites-lui qu'il a poussé trop loin l'extravagance pour qu'elle soit supportable et que votre grâce s'est interposée entre lui et une autre colère. Je m'obligerai au silence. Je vous en prie, soyez ferme.

La reine. — Je vous le promets. N'ayez pas peur. Cachez-vous, je l'entends venir. *(Polonius se cache. Entre Hamlet.)*

Hamlet. — Qu'y a-t-il, ma mère?

La reine. — Hamlet, tu as gravement offensé ton père.

Hamlet. — Madame, vous avez gravement offensé mon père.

La reine. — Allons, allons, vous répondez avec une langue perverse.

Hamlet. — Allez, allez, vous questionnez avec une langue coupable.

La reine. — Qu'est-ce à dire, maintenant, Hamlet?

Hamlet. — Qu'est-ce qu'il y a maintenant?

La reine. — Avez-vous oublié qui je suis?

Hamlet. — Non, par la croix! vous êtes la reine; la femme du frère de votre époux, et je voudrais qu'il n'en fût pas ainsi, ma mère!

La reine. — Je vais vous envoyer des gens à qui parler.

Hamlet. — Asseyez-vous. Vous ne bougerez pas, vous ne vous en irez pas avant que je vous aie présenté un miroir où vous puissiez voir le fond de votre âme.

La reine. — Que veux-tu faire? Tu ne veux pas me tuer? Au secours. Au secours!

Polonius, caché. — Quoi? Au secours?...

Hamlet. — Qu'est-ce que c'est? Un rat? *(Il frappe Polonius à travers la tapisserie.)* A mort! A mort le rat! Mort! Un ducat qu'il est mort!

LA REINE, *elle se lève.*

Je n'aime pas le sang et Hamlet ressemble trop à un des princes de ma famille. Lisez autre chose. *(Elle déplace des livres, prend une brochure et la lui tend, après l'avoir ouverte.)* Tenez. *(Stanislas a déposé le livre et s'apprête à prendre la brochure. Il a un recul.)* Tenez... vous ne me refuserez pas de lire votre poème. Je le connais par cœur. Mais j'aimerais l'entendre de votre voix. *(Stanislas prend la brochure. La reine s'éloigne vers l'extrême gauche jusqu'à la carte de géographie.)* Lisez. *(La reine tourne le dos à Stanislas. Elle semble consulter la carte. Stanislas hésite encore.)*

Je vous écoute.

STANISLAS, *il commence à lire d'une voix sourde.*

Madame, dit l'archevêque, il vous faut préparer, la mort frappe à votre porte.

Après bien des grimaces, la reine se confessa.
L'archevêque entendit une liste où le meurtre,
l'inceste, la trahison, faisaient petite figure...

> *Halte. La reine continue de consulter la carte.*
> *Elle récite la phrase restée en l'air.*

LA REINE

La mort entra, se bouchant la bouche, le nez,
montée sur de hauts patins...

STANISLAS

Montée sur de hauts patins, cousue dans de la
toile cirée noire. Séance interminable! Vingt fois
elle recommença et manqua ses tours. La foule des
courtisans, des princesses, des dames d'honneur, le
clergé, l'archevêque même, dormaient debout. La
fatigue écartelait les membres. Sous cette torture,
les visages se lâchaient, avouaient. Enfin la mort
se retourna. *(Halte de Stanislas. Il regarde la reine.*
Il reprend.) Et tandis qu'elle saluait, la puanteur,
le candélabre aux fenêtres, annoncèrent que c'était
fini. Alors les feux d'artifice s'épanouirent dans le
ciel, le vin coula sur les petits échafauds des bals-
musettes et les têtes d'ivrognes roulèrent joyeusement partout.

> *Stanislas se lève brusquement, jette la brochure*
> *avec rage au milieu de la bibliothèque.*

En voilà assez!

LA REINE, *elle se retourne d'un bloc.*

Seriez-vous lâche?

STANISLAS

Lâche? Vous me traitez de lâche parce que je ne
prends pas ce pistolet sur cette table et parce que je
ne vous tire pas lâchement dans le dos.

LA REINE

Nous avons fait un pacte.

STANISLAS

Quel pacte? Je vous le demande. Vous avez décidé,
comme vous décidez tout, que j'étais votre destin.
Voilà de grands mots qui vous grisent. Vous avez
décidé que j'étais une machine à tuer et que mon
rôle sur la terre était de vous envoyer au ciel. Enten-
dons-nous : dans le ciel historique et légendaire qui
est le vôtre. Vous n'osez plus vous suicider, ce qui
manquerait de sublime, et vous avez voulu vous faire
suicider par moi. Que m'offrez-vous en échange? Un
prix inestimable. D'être l'instrument d'une cause
célèbre. De partager avec vous la gloire étonnante
d'un crime fatal et mystérieux.

LA REINE

Vous êtes venu à Krantz pour me tuer.

STANISLAS

Vous êtes-vous demandé une seule minute si j'étais
un homme, d'où je venais et pourquoi je venais. Vous
n'avez rien compris à mon silence. Il était terrible.
Mon cœur battait si fort qu'il m'empêchait presque
de vous entendre. Et vous parliez! Vous parliez!
Comment pouviez-vous comprendre qu'il y a des
autres, que les autres existent, qu'ils pensent, qu'ils
souffrent, qu'ils vivent. Vous ne pensez qu'à vous.

LA REINE

Je vous défends...

STANISLAS

Et moi je vous défends de m'interrompre. Vous
ai-je interrompue cette nuit? Je sortais de l'ombre,
d'une ombre dont vous ne connaissez rien, dont vous
ne devinez rien. Vous croyez sans doute que ma vie
commence à la fenêtre du château de Krantz. Je
n'existais pas avant. Il existait de moi un poème qui
vous stimule et soudain, il a existé de moi un fantôme
qui était votre mort. La belle affaire! Votre chambre
était chaude, luxueuse, suspendue dans le vide. Vous
y jouiez avec la douleur. Et moi, j'arrive. D'où

croyez-vous donc que je sorte? Des ténèbres qui sont
ce qui n'est pas vous. Et qui m'y a cherché dans ces
ténèbres, qui m'y a dépêché des ondes plus rapides
que des ordres, qui a fait de moi ce somnambule qui
rampait, qui s'épuisait, qui n'entendait que les chiens,
les balles et les coups frappés par son cœur? Qui m'a
tiré de roche en roche, de crevasse en crevasse, de
broussaille en broussaille, qui m'a hissé comme avec
une corde jusqu'à cette fenêtre maudite où je me suis
trouvé mal? Vous. Vous. Car vous n'êtes pas de celles
que le hasard visite. Vous me l'avez dit. Vous rêvez
d'être un chef-d'œuvre, mais un chef-d'œuvre exige
la part de Dieu. Non. Vous décrétez, vous ordonnez,
vous manœuvrez, vous construisez, vous suscitez ce
qui arrive. Et même quand vous vous imaginez ne
pas le faire, vous le faites. C'est vous qui, sans le
savoir, m'avez donné une âme de révolte. C'est vous
qui m'avez amené, sans le savoir, à connaître les
hommes parmi lesquels j'espérais trouver la violence
et la liberté. Sans le savoir, c'est vous qui avez dicté
le vote de mes camarades, c'est vous qui m'avez attiré
dans un piège! — En vérité, ce sont là des choses
qu'aucun tribunal ne pourrait admettre, mais les
poètes les savent et je vous les dis.

J'avais quinze ans. Je descendais des montagnes.
Tout y était pur, de glace et de feu. Dans votre
capitale, j'ai trouvé la misère, le mensonge, l'intrigue,
la haine, la police, le vol. J'ai traîné de honte en
honte. J'ai rencontré des hommes que ces hontes
écœuraient et qui les attribuaient à votre règne.
Où étiez-vous? Dans un nuage. Vous y viviez votre
songe. Vous y dépensiez des fortunes, vous vous y
bâtissiez des temples. Vous évitiez superbement
le spectacle de nos malheurs. On vous a tué le roi.
Est-ce ma faute? Ce sont les risques de votre métier.

LA REINE

En tuant le roi, on m'a tuée.

STANISLAS

On vous a si peu tuée que vous souhaitez que le

destin vous tue. Vous adoriez le roi. Quel est cet amour? Depuis votre enfance, on vous destine au trône. On vous élève pour le trône. On fait de vous un monstre d'orgueil. Vous êtes conduite devant un homme que vous ne connaissiez pas la veille et qui occupe le trône. Il vous plaît. Il vous déplairait que ce serait pareil. Et vous vous fiancez, et vous chassez ensemble, et vous galopez ensemble, et vous l'épousez et on le tue.

Moi, depuis mon enfance, j'étouffais d'amour. Je ne l'attendais de personne. A force de le guetter et de ne rien voir venir, j'ai couru à sa rencontre. Il ne me suffisait plus d'être ravagé par un visage. Il me fallait être ravagé par une cause, m'y perdre, m'y dissoudre.

Quand je suis entré dans votre chambre, j'étais une idée, une idée folle, une idée de fou. J'étais une idée en face d'une idée. J'ai eu le tort de m'évanouir.

Quand je suis revenu à moi, j'étais un homme chez une femme. Et plus cet homme devenait un homme, plus cette femme s'obstinait à être une idée. Plus je me laissais prendre par ce luxe dont je n'ai pas la moindre habitude, plus je contemplais cette femme éclatante, plus cette femme me traitait comme une idée, comme une machine de mort.

J'étais ivre de faim et de fatigue. Ivre d'orage. Ivre d'angoisse. Ivre de ce silence qui me déchirait plus qu'un cri. Et j'ai eu le courage de me reprendre, de redevenir cette idée fixe qu'on me demandait d'être, que je n'aurais jamais dû cesser d'être. Je tuerais. Cette chambre deviendrait la chambre de mes noces et je l'éclabousserais de sang.

Je comptais sans vos ruses profondes. A peine avais-je cessé d'être un homme que vous redeveniez une femme. Vous vous y connaissez en sortilèges et en machines de féerie! Vous usiez pour faire de moi un héros de toutes les armes qu'une femme emploie pour rendre un homme amoureux.

Et ce qui est le pire, vous y parveniez. Je ne comprenais plus, je ne savais plus, je tombais dans ces sommeils interminables qui durent une seconde,

je me répétais : Comment peut-on endurer des souf-
frances pareilles et ne pas mourir?

LA REINE, *de toute sa hauteur.*

Je vous ordonne de vous taire.

STANISLAS

Il me semblait que vous aviez décidé — entre
autres choses — d'abolir le protocole et que nous
traitions d'égal à égal.

LA REINE

C'était un pacte entre ma mort et moi. Ce n'était
pas un pacte entre une reine et un jeune homme qui
escalade les fenêtres.

STANISLAS

On a escaladé votre fenêtre! Quel scandale! Eh
bien!... Criez... Sonnez... Appelez... faites-moi prendre
par vos gardes. Livrez-moi à la justice. Ce sont
encore des sensations de reine.

LA REINE

C'est vous qui criez et qui ameuterez le château.

STANISLAS

Ameuter le château. Être arrêté, exécuté, je m'en
moque. Vous ne voyez pas que je deviens fou!

LA REINE, *elle se trouve derrière la table.*
Elle empoigne le pistolet et le tend à Stanislas.

Tirez.

STANISLAS *recule d'un bond.*
La reine garde le pistolet à la main.

Ne me tentez pas.

LA REINE

Dans quelques secondes, il sera trop tard.

STANISLAS, *les yeux fermés, de face.*

Tout l'amour qui me poussait au meurtre se

retourne en moi comme une vague. Je suis perdu.

LA REINE

Dois-je répéter mes paroles? Si vous ne m'abattez pas, je vous abats.

Elle est remontée d'un mouvement rapide jusqu'au bas des marches.

STANISLAS, *criant vers elle.*

Mais tuez-moi donc! Achevez-moi. Qu'on en finisse. La vue du sang vous dégoûte? J'aurai au moins une joie si mon sang vous soulève le cœur.

La reine abaisse le pistolet. Elle se détourne et tire vers les cibles. Tout cela s'est passé en un clin d'œil. Sonnerie prolongée. La reine garde le pistolet à la main et s'élance jusqu'à Stanislas. Elle met de force le livre de Shakespeare entre ses mains.

LA REINE

Asseyez-vous. Lisez. Lisez et mettez à votre lecture la même violence que dans vos dernières insultes.

La sonnette redouble.

Lisez. Lisez vite. *(Elle le saisit par les cheveux, comme un cheval par la crinière, et l'oblige à s'asseoir.)* Il le faut.

STANISLAS, *il se laisse tomber sur le siège, attrape la brochure et lit en criant la scène d'*Hamlet.

Toi, misérable, téméraire, absurde fou, adieu. Je t'ai pris pour plus grand que toi, subis ton sort. Tu vois qu'il y a du danger à être trop curieux.

Il s'arrête et ferme les yeux.

LA REINE, *le secouant.*

Continuez.

Stanislas reprend sa lecture extravagante.

STANISLAS, *lisant* Hamlet.

Madame! Ne tordez pas vos mains. Paix! Asseyez-vous que je vous torde le cœur, car je vais le tordre, s'il est fait d'une étoffe pénétrable, si l'habitude du crime ne l'a pas endurci au point qu'il soit à l'épreuve et blindé contre tout sentiment. *La reine :* Qu'ai-je fait pour que tu pousses des clameurs éclatantes comme la foudre?

La porte de droite s'ouvre. Édith de Berg paraît.

SCÈNE VI

LA REINE, STANISLAS, ÉDITH, *puis* TONY

LA REINE, *elle a repris sa place de tireuse et baisse son voile.*

Qu'est-ce que c'est, Édith?

ÉDITH

Que Madame m'excuse... Mais j'étais dans le parc et j'ai entendu de tels éclats de voix... et un coup de feu... J'ai craint...

Elle s'arrête.

LA REINE

Qu'est-ce que vous avez craint? Quand aurez-vous fini de craindre? Craindre quoi? Je tire à la cible et, si vous aviez osé vous avancer davantage, vous auriez entendu comment lisent les lecteurs qui savent lire. (*Vers Stanislas qui s'est levé à l'entrée d'Édith et se tient, le livre à la main, contre la table.*) Excusez Mlle de Berg. Elle n'a pas l'habitude. Elle lit si bas qu'il m'arrive de me croire sourde. (*A Édith :*) Édith, il me déplaît souverainement — c'est le terme exact — qu'on écoute aux portes ou aux fenêtres. (*Sur cette dernière phrase, Tony est entré par la petite porte de gauche en face des cibles de tir, celle où se termine le chemin de linoléum. La reine l'aperçoit et se tourne vers Édith.*) Vous permettez? — (*Tony parle avec les doigts. La reine répond. Tony sort.*) Je suis fort mécontente, Édith. Votre conduite, de moins en moins discrète, m'oblige à vous mettre aux arrêts. Tony vous apportera ce dont vous pourriez avoir besoin.

> *Édith plonge et monte l'escalier. Elle disparaît à gauche. Porte.*

SCÈNE VII

LA REINE, STANISLAS

LA REINE, *à Stanislas.*

Et maintenant, monsieur, cachez-vous. Je vais recevoir une visite et je tiens à ce que vous ne perdiez pas un mot de ce qui va se dire. Je vous demande un armistice. Nous parlerons après. La galerie est un poste d'observation des plus commodes.

> *Stanislas passe lentement devant la reine, monte les marches et disparaît à droite. Pendant qu'il disparaît, la petite porte de gauche s'ouvre. Tony entre, interroge la reine du regard; la reine incline la tête. Tony s'efface et fait entrer le comte de Foëhn. Puis il sort et referme la porte. Le comte de Foëhn est en costume de voyage. C'est un homme de quarante-cinq ans. Un homme d'élégance et de ruse. Un homme de cour.*

SCÈNE VIII

LA REINE, LE COMTE DE FOËHN

LA REINE

Bonjour, mon cher comte.

LE COMTE, *il salue de la tête à la porte et avance de quelques pas.*

Je salue Votre Majesté. Et je m'excuse de paraître devant elle dans ce costume. La route est longue et mal commode.

LA REINE

Il y a longtemps que j'ai demandé qu'on la répare.
Mais je trouve naturel de faire figurer cette dépense
dans la liste civile. Nos ministres estiment qu'elle
m'incombe à moi. La route restera ce qu'elle est.

LE COMTE

L'État est pauvre, Madame, et nous sommes au
régime de l'économie.

LA REINE

Vous me parlez comme mon ministre des Finances.
Je ferme les yeux. Il aligne des chiffres. Il s'imagine
que j'écoute et je ne comprends rien.

LE COMTE

C'est fort simple. Wolmar est sur un pic. La main-
d'œuvre est lourde. On raconte que ce bijou a dû
coûter une fortune à Votre Majesté.

LA REINE

Voyons, Foëhn, vous n'êtes ni l'archiduchesse qui
se croit infaillible, ni le ministre qui me prend pour
une folle.

LE COMTE

Madame, il est possible que l'archiduchesse déplore,
affectueusement, que Votre Majesté ait des dettes et
s'attriste d'être dans l'impossibilité de lui venir en
aide, mais nul n'ignore que ces dettes n'atteignent
que Votre Majesté, que ses dépenses n'affectent que
sa caisse personnelle et que le peuple n'a jamais eu
à en souffrir.

LA REINE

Nul n'ignore! Vous m'amusez, mon cher comte.
Et d'où viennent, je vous le demande, les absurdes
rumeurs qu'on n'arrête pas de répandre contre moi?
L'archiduchesse m'a tellement répété jadis : « Tenez-
vous droite » que j'en ai pris l'habitude, figurez-vous.
Et cependant, de quoi ne m'accuse-t-on pas? Je

fouette mes palefreniers. Je fume la pipe avec mes
domestiques. Je me laisse exploiter par une gym-
naste de cirque pour laquelle j'accroche des trapèzes
jusque dans la salle du trône, et je ne vous cite que
ce qui est drôle car le reste est trop ignoble pour
que je m'y attarde. Je méprise le peuple, je le ruine.
Voilà le genre de fables qu'on laisse circuler sur mon
compte et qui excitent les esprits.

LE COMTE *s'incline.*

C'est le revers de la légende.

LA REINE

La légende! Jadis la légende mettait un siècle à
frapper ses médailles. Elle les frappait dans le bronze.
Aujourd'hui elle frappe au jour le jour et à tort et
à travers sur le papier le plus sale.

LE COMTE

Oh! Madame... la presse ne se permettrait jamais...

LA REINE

Elle se gêne! C'est sous forme de conseils que les
choses sont dites. Que faites-vous des innombrables
feuilles clandestines qui me couvrent de boue et que
la police tolère. Vous êtes le chef de ma police, monsieur de Foëhn.

LE COMTE

Madame... Madame... L'archiduchesse est la première à déplorer cet état de choses et si elle ne le
déplorait pas, je n'aurais pas l'honneur d'être à
Krantz et de présenter mes humbles hommages à
Votre Majesté.

LA REINE, *changeant de ton.*

Nous y voilà. J'en étais sûre. Vous venez me
gronder.

LE COMTE

Votre Majesté plaisante.

LA REINE

Il s'agit de la cérémonie d'anniversaire.

LE COMTE

Votre Majesté devine tout avant même qu'on ne le formule. C'est la meilleure preuve que l'archiduchesse est au désespoir de ce... malentendu entre la reine et son peuple. Si la reine se montrait, ce malentendu déplorable ne serait pas long à s'évanouir.

LA REINE

Mon absence à la cérémonie d'anniversaire a produit, pour employer le style de la presse, le plus mauvais effet.

LE COMTE

Je courais la poste, mais Votre Majesté peut en être certaine. La foule a dû être navrée de ce carrosse vide. L'archiduchesse trouve, si j'ose me permettre de répéter ses paroles, que la reine devait cet effort à la mémoire de son fils.

LA REINE, *elle se lève.*

Monsieur de Foëhn, ignore-t-elle que le motif de mon exil volontaire est justement ma douleur de la mort de son fils et que ma façon de porter le deuil ne consiste pas à défiler dans un carrosse.

LE COMTE

L'archiduchesse sait tout cela. Elle sait tout cela. Elle est explosive, si j'ose m'exprimer ainsi, mais elle est clairvoyante, et c'est une grande politique.

LA REINE

Je hais la politique.

LE COMTE

Hélas! Madame... La politique est le métier des rois comme le mien est de surveiller le royaume, de me livrer à des enquêtes et de faire les besognes désagréables.

LA REINE

Que veut l'archiduchesse?

LE COMTE

Elle ne veut pas... elle conseille. Elle conseille à Votre Majesté de rompre un peu avec des habitudes de réclusion qui risquent, auprès des imbéciles... et les imbéciles sont en grand nombre... de passer pour du dédain.

LA REINE

On ne rompt pas un peu, monsieur le comte. On se cache ou on se montre. J'ai rayé le terme « un peu » de mon vocabulaire. C'est en faisant *un peu* les choses qu'on arrive à ne rien faire du tout. Si ma devise n'était pas : « A l'impossible je suis tenue », je choisirais la phrase d'un chef indien auquel on reprochait d'avoir un peu trop mangé au dîner d'une ambassade : « Un peu trop, répondit-il, c'est juste assez pour moi! »

LE COMTE

Votre Majesté m'autorise-t-elle à rapporter cette phrase à l'archiduchesse?

LA REINE

Elle vous servira de réponse.

LE COMTE, *changeant de ton.*

Krantz est une merveille... une merveille! Votre Majesté y est arrivée hier?

LA REINE

Hier matin.

LE COMTE

Votre Majesté venait de Wolmar. Le voyage a dû être interminable. Et cet orage! Je crains qu'il n'ait obligé la reine à passer une fort mauvaise nuit.

LA REINE

Moi? J'adore l'orage. Du reste, j'étais morte de
fatigue et je dormais dans une des chambres de la
tour du nord. Je n'ai rien entendu.

LE COMTE

Tant mieux. Je redoutais que ma chasse à l'homme
n'ait amené quelque désordre et troublé le sommeil
de Votre Majesté.

LA REINE

Où ai-je la tête, mon cher comte? C'est vrai.
Mlle de Berg est venue me demander si j'autorisais
votre police à fouiller le parc. Mais... vous n'étiez
pas là?

LE COMTE

On oublie toujours le courage de Votre Majesté
et qu'elle n'a peur de rien. On oublie toujours qu'on
n'a pas à ménager ses nerfs comme ceux des autres
princes. Cependant, j'aurais eu honte de donner à
cette affaire, par mon arrivée nocturne au château,
une importance qu'elle ne comporte pas. J'étais
arrivé la veille. J'habitais le village, à l'auberge.

LA REINE

Foëhn! Ce n'est pas gentil de venir à Krantz sans
habiter le château. Avez-vous attrapé votre homme?
Un homme qui voulait me tuer, si je ne me trompe.

LE COMTE

Ma police est bavarde. Je vois que mes agents ont
parlé au château.

LA REINE

Je ne sais pas si votre police est bavarde. Je sais
que Mlle de Berg est bavarde et adore se mêler de
choses qui ne la regardent pas.

LE COMTE

Nous pistions l'homme depuis la veille. Comment

savait-il — je veux dire comment son groupe savait-il
— que votre Majesté coucherait à Krantz, je me le
demande. Je l'ignorais moi-même. Toujours est-il
que nous l'avons manqué dans un chalet du village
où il a de la famille. Il avait pris la fuite ou on la lui
avait fait prendre. Nous organisâmes une battue en
règle. Je le regrette, puisque cette battue nous obli-
geait à troubler la solitude de Sa Majesté. Je suis
heureux d'apprendre que Votre Majesté n'en a pas
trop souffert.

LA REINE

Et vous avez fait buisson creux, votre homme
court encore...

LE COMTE

Ma brigade ne mérite pas les reproches de Votre
Majesté. Elle a capturé l'homme.

LA REINE

Mais c'est passionnant!

LE COMTE

A l'aube, il tentait de fuir par les gorges. Il devait
être épuisé de fatigue. Il s'est rendu.

LA REINE

Quel genre d'homme était-ce?

LE COMTE

Un jeune écervelé au service d'un de ces groupes
dont Votre Majesté déplorait tout à l'heure l'activité
secrète. Votre Majesté constate que le chef de sa
police ne reste pas criminellement inactif.

LA REINE

On l'a interrogé?

LE COMTE

Je l'ai interrogé moi-même.

LA REINE

C'est un ouvrier?

LE COMTE

Un poète.

LA REINE

Quoi?

LE COMTE

Votre Majesté a bien tort de s'intéresser aux poètes. Ils finissent toujours par introduire leur désordre dans les rouages de la société.

LA REINE

Foëhn! vous dites qu'un poète voulait me tuer?

LE COMTE

C'est leur manière de répondre aux éloges de la reine.

LA REINE

Quels éloges?

LE COMTE

Votre Majesté, si je ne me trompe, et je suppose par une manière d'esprit de contradiction héroïque, affiche une indulgence extraordinaire en ce qui concerne un poème subversif édité par une de ces feuilles, qu'elle réprouve, à juste titre. Cet homme, ce jeune homme, en est l'auteur.

LA REINE

Il s'agirait d'Azraël? Par exemple!

LE COMTE

Il n'en menait pas large. En cinq minutes, il se mettait à table — comme disent mes mouchards. Je veux dire qu'il avouait tout. C'est une tête chaude, mais ce n'est pas une forte tête. Il m'a livré le nom de ses complices, l'adresse de leur centre. Un beau coup de filet à mon retour.

LA REINE, *elle s'était assise. Elle se lève.*

Monsieur de Foëhn, il me reste à vous féliciter et à vous remercier de cette capture. Je m'étonnais, hier, de votre absence. Et j'aurais pu me demander, cet après-midi, si vous ne veniez pas constater mon décès.

LE COMTE, *souriant.*

Votre Majesté est terrible.

LA REINE

Il m'arrive de l'être. Surtout pour moi. *(Elle tend la main.)* Mon cher comte...

LE COMTE, *il va baiser cette main.*
La reine la retire
et lui pose la main sur l'épaule.

Je m'excuse de cette visite intempestive et qui doit paraître bien fastidieuse à la reine, dans cette atmosphère de méditation et de travail. *(Il s'incline.)* Puis-je demander à la reine des nouvelles de Mlle de Berg?

LA REINE

Elle est souffrante. Rien de grave. Elle garde la chambre. Je lui dirai que vous avez pensé à elle. Tony va vous reconduire. *(Elle se dirige vers la porte et l'ouvre. Tony paraît.)* Dites à l'archiduchesse ma reconnaissance profonde pour le soin qu'elle prend de ma popularité. Adieu.

> *Le comte s'incline, passe devant Tony et sort.*
> *Tony regarde la reine. Il suit le comte et ferme la porte.*

SCÈNE IX

LA REINE, STANISLAS

La reine se dévoile lentement et pensivement.

LA REINE

Vous pouvez descendre.

Stanislas tourne la galerie de droite et descend l'escalier en silence. Il marche jusqu'à la table ronde, s'y appuie et baisse la tête. La reine lui fait face, devant le poêle, debout.

Voilà.

STANISLAS

C'est monstrueux.

LA REINE

C'est la cour. Je gêne l'archiduchesse. Foëhn favorise un meurtre. Vous échouez. Foëhn vous abandonne. Vous avez compris? Si vous n'étiez pas caché dans ce château, son personnel ne serait pas long à vous faire disparaître. C'est même parce que le comte est sûr de vous faire disparaître qu'il n'a pas hésité à me parler de vous.

Silence.

STANISLAS

Je vais me livrer à la police.

LA REINE

Ne soyez pas absurde. Restez. Prenez ce fauteuil.

Stanislas hésite. La reine s'assoit.

Prenez ce fauteuil.

Stanislas s'assoit.

Foëhn vous recherche. Le but de sa visite était de m'observer et d'observer le château. Bien que j'aie pris mes précautions pour qu'il ne rencontre pas Mlle de Berg, il semble se douter de quelque chose. Je suis sûre du silence de Willenstein.

Les circonstances où nous sommes échappent à toutes les polices du monde. Je vous y ai entraîné de force. C'est à moi d'essayer d'y voir clair.

STANISLAS

Je suis un objet de honte.

LA REINE

Vous êtes une solitude en face d'une solitude. Voilà tout.

Elle se détourne vers le feu du poêle. Les lueurs l'illuminent. Le soir commence à descendre.

C'est la beauté de la tragédie, son intérêt humain et surhumain, qu'elle ne met en scène que des êtres vivant au-dessus des lois. Qui étions-nous, cette nuit? Je vous cite : Une idée devant une idée. Et maintenant que sommes-nous? Une femme et un homme qu'on traque. Des égaux.

Elle tisonne le feu.

Votre mère habite le village?

STANISLAS

Je n'ai plus de mère. La paysanne de Krantz est ma belle-mère. Elle m'a chassé de chez elle. J'avais seize ans. Hier soir, je retournais chez elle pour mon propre compte. J'y avais caché des papiers. Il fallait que je les brûle.

LA REINE

Vous avez des amis?

STANISLAS

Aucun. Je ne connais que les hommes qui m'ont attiré dans un piège. S'il en existe de sincères sur le nombre, que Dieu les sauve de l'aveuglement.

LA REINE

Foëhn n'arrêtera personne. Soyez tranquille. Il se contentera de leur faire croire que vous les avez trahis. Pour se débarrasser de vous, c'est sur eux qu'il compte.

STANISLAS

Tout m'est égal.

LA REINE

De la galerie, pouviez-vous voir le comte de Foëhn, pouviez-vous voir sa figure?

STANISLAS

Je voyais sa figure.

LA REINE

L'aviez-vous déjà vue? Je veux dire, vous était-il
arrivé d'être déjà en sa présence?

STANISLAS

Un pareil homme est trop habile pour que ses
intermédiaires innombrables puissent même se douter qu'ils le sont.

LA REINE

Je vous sais gré d'être resté calme.

STANISLAS

Comme cette nuit, dans votre chambre, j'ai craint
qu'on n'entende mon cœur. Il m'a fallu toutes mes
forces pour ne pas sauter de la galerie. Je l'étranglais.

LA REINE

Il n'en aurait pas eu la moindre surprise. Il était
sur ses gardes. Cet homme estime que je suis une
folle et que vous êtes un fou. Hier, à l'auberge de
Krantz, il devait sourire et se dire : « La reine se croit
un poème. Le meurtrier se croit un poète. Voilà qui
est fort plaisant. » Remarquez que vos camarades ne
doivent pas être loin de partager cette manière de
voir. Je parle des plus sincères. Beaucoup bavardent.
Peu agissent. Rien n'est conventionnel comme un
milieu, quel qu'il soit.

> *La lumière baisse de plus en plus. La reine*
> *retourne à son feu qui devient très vif sur elle.*

Pourquoi brûliez-vous, hier soir, vos papiers à
Krantz?

STANISLAS

Par crainte d'une perquisition.

LA REINE

C'étaient des poèmes?

STANISLAS

Oui, Madame.

LA REINE

C'est dommage.

STANISLAS

Je ne les aurais pas brûlés hier que je les brûlerais maintenant.

Silence.

LA REINE

Et, après avoir brûlé ces poèmes, quel était votre ordre de route?

STANISLAS, *il se lève.*

Madame!

LA REINE

Il me semblait que les scrupules, les politesses, les hypocrisies n'existaient plus entre nous.

STANISLAS, *se rasseyant et à voix basse.*

Je devais assassiner la reine à Wolmar.

LA REINE

Il faut assassiner vite et dehors. Il faut assassiner vite et être lapidé par la foule. Sinon le drame retombe et tout ce qui retombe est affreux.

Long silence.

Les journaux auraient dit : « La reine victime d'un attentat sauvage. » L'archiduchesse et le comte de Foëhn eussent assisté à votre exécution et mené le deuil. Il y aurait eu des réjouissances funèbres. On aurait sonné les cloches. On instaurait la Régence comme le prescrit la constitution actuellement en vigueur. Le prince régent est tout prêt, dans la large manche de l'archiduchesse. Le tour était joué. L'archiduchesse gouvernait, c'est-à-dire le comte de Foëhn. Voilà la politique.

STANISLAS

Les misérables!

LA REINE

Ainsi vous deviez tuer la reine à Wolmar. Eh bien! vous avez exécuté vos ordres à Krantz. Vous deviez tuer la reine, Stanislas. C'est chose faite, vous l'avez tuée.

STANISLAS

Moi, Madame?

LA REINE

Une reine admet-elle qu'on s'introduise dans sa chambre et qu'on s'y évanouisse? Une reine admet-elle de cacher l'homme qui escalade sa fenêtre la nuit? Une reine admet-elle qu'on ne réponde pas quand elle interroge? Une reine admet-elle qu'on ne lui adresse pas la parole à la troisième personne et qu'on l'insulte? Si elle l'admet, c'est qu'elle n'est plus une reine. Je vous le répète, Stanislas, il n'existe plus de reine à Krantz, vous l'avez tuée.

STANISLAS

Je vous comprends, Madame. Vous dites que la politesse ne fonctionne plus entre nous et vous tentez, par une politesse royale, d'élever ma solitude jusqu'à la vôtre. Je ne suis pas dupe.

LA REINE

Croyez-vous que j'admettrais votre échec. Si je l'admettais, il y a longtemps que je vous aurais mis à la porte.

STANISLAS

Je ne suis rien. La reine reste la reine. Une reine que sa cour jalouse parce qu'elle l'éclipse. Une reine

que des milliers de sujets vénèrent dans l'ombre. Une
reine en deuil de son roi.

> *La reine s'assoit dans le fauteuil qui est près du*
> *poêle, face au public. On ne distingue presque*
> *plus que le foyer du poêle qui éclaire les visages.*
> *La bibliothèque est pleine d'ombre. Stanislas se*
> *glisse derrière le fauteuil de la reine et s'y tient,*
> *debout.*

LA REINE

Vous avez tué cette reine, Stanislas, mieux que
vous ne vous proposiez de le faire. Quand j'étais petite
fille, on me tourmentait pour me préparer au trône.
C'était mon école et je la haïssais. Le roi Frédéric
a été une grande surprise. Je n'ai plus pensé qu'à
l'amour. J'allais vivre. J'allais devenir femme. Je ne
le suis pas devenue. Je n'ai pas vécu. Frédéric est
mort la veille de ce miracle. Je me suis enterrée
vive dans mes châteaux. Un soir d'orage vous êtes
entré par ma fenêtre et vous avez bouleversé tout
ce bel équilibre.

> *Long silence.*

STANISLAS

Quel calme après l'orage. La nuit tombe avec un
silence extraordinaire. On n'entend même pas les
cloches des troupeaux.

LA REINE

D'ici, on n'entend rien, on se croirait séparé du
monde. Et je n'aimais pas ce calme. Il me plaît.

STANISLAS

Vous ne voulez pas que je demande un candélabre?

LA REINE

Restez où vous êtes. Je ne veux rien. Je veux que
le soir s'arrête de tomber, que la lune et le soleil
arrêtent leur course. Je veux que ce château se fixe
à cette minute où nous sommes et vive ainsi, frappé
par un sort.

Silence.

STANISLAS

Il y a des équilibres qui viennent de tant de détails inconnus qu'on se demande s'ils sont possibles, si le moindre souffle ne les renverserait pas.

LA REINE

Taisons-nous un peu.

Silence.

Stanislas, l'orgueil est une mauvaise fée. Il ne faudrait pas qu'elle s'approche, qu'elle touche cette minute avec sa baguette, qu'elle la change en statue.

STANISLAS

L'orgueil?

LA REINE

C'est une femme qui vous parle, Stanislas. Comprenez-vous?

Long silence.

STANISLAS, *il ferme les yeux.*

Mon Dieu... Faites que je comprenne. Nous sommes sur une épave en pleine mer. Le sort, les hasards, les vagues, la tempête nous ont précipités l'un contre l'autre sur cette épave qui est la bibliothèque de Krantz et qui flotte à la dérive sur l'éternité. Nous sommes seuls au monde, à la pointe de l'insoluble, à la limite de l'extrême où je croyais respirer à l'aise et que je ne soupçonnais pas. Nous sommes dans un inconfort si effroyable que l'inconfort des malades qui agonisent, des pauvres qui crèvent de détresse, des prisonniers couverts de vermine, des explorateurs qui se perdent dans les glaces du pôle est un confort à côté de lui. Il n'y a plus de haut, de bas, de droite, de gauche. Nous ne savons plus où poser nos âmes, nos regards, nos paroles, nos pieds, nos mains. Éclairez-moi, mon Dieu. Qu'un ange de l'Apocalypse apparaisse, qu'il sonne de la trompette, que le monde s'écroule autour de nous.

LA REINE, *bas.*

Mon Dieu, arrachez-nous de cette glu informe. Otez-moi les appuis qui m'obligent à marcher en ligne droite. Foudroyez les protocoles et surtout celui de la prudence que je prenais pour de la pudeur. Donnez-moi la force de m'avouer mes mensonges. Terrassez les monstres de l'orgueil et de l'habitude. Faites-moi dire ce que je ne veux pas dire. Délivrez-nous.

> *Silence. La reine abaisse son voile, avec une maladresse naïve.*

Stanislas, je vous aime.

STANISLAS, *même jeu.*

Je vous aime.

LA REINE

Le reste m'est égal.

STANISLAS

C'est maintenant que je pourrais vous tuer pour ne plus vous perdre.

LA REINE

Petit homme, venez doucement près de moi... Venez. *(Stanislas s'agenouille auprès d'elle.)* Posez votre tête sur mes genoux. Ne me demandez rien d'autre, je vous en supplie. Mes genoux sont sous votre tête et ma main sur elle. Votre tête est lourde. On dirait une tête coupée. C'est une minute sans rien autour. Un clair de lune dans le cœur. Je vous ai aimé quand vous êtes apparu dans ma chambre. Je m'accuse d'en avoir eu honte. Je vous ai aimé quand votre main tombait de fatigue comme une pierre. Je m'accuse d'en avoir eu honte. Je vous ai aimé quand j'empoignais vos cheveux pour vous obliger à lire. Je m'accuse d'en avoir eu honte.

> *Silence.*

STANISLAS

Il y a des rêves trop intenses. Ils réveillent ceux

qui dorment. Méfions-nous. Nous sommes le rêve d'un dormeur qui dort si profondément qu'il ne sait même pas qu'il nous rêve.

> *A ce moment de silence et d'ombre éclairée par le feu, plusieurs coups sont frappés à la petite porte. Stanislas se dresse.*

LA REINE, *rapidement et bas.*

C'est Tony. Ne bougez pas.

> *La reine monte jusqu'à la petite porte. Elle l'ouvre. Tony paraît. Il tient un flambeau à la main droite et parle de la main gauche avec ses doigts. Tony va poser le flambeau sur la table.*

Mlle de Berg a jeté, par la fenêtre, une lettre au comte de Foëhn. À l'heure qu'il est, il sait tout.

> *Tony sort par la petite porte.*

Cette nuit, vous n'avez rien à craindre. En attendant que j'avise, Mlle de Berg gardera les arrêts. Personne, sauf elle, n'a le droit d'entrer dans mes chambres. Vous y resterez sous ma garde. Demain matin, Tony vous conduira, par les montagnes, jusqu'à mon ancien pavillon de chasse. Ce pavillon commande une ferme avec des gardiens dont je suis sûre... Ensuite...

STANISLAS

Il n'y a pas d'ensuite.

LA REINE

Stanislas!

STANISLAS

Écoutez-moi. J'ai prié Dieu de m'entendre et il m'a envoyé son ange. Voilà une nuit et un jour que nous sommes travaillés par sa foudre. Elle nous a tordus ensemble. Ne croyez pas que je regrette mes paroles ni que je mette les vôtres sur le compte du désordre de nos âmes et de l'obscurité d'un instant. Je vous crois et vous devez me croire. Demain, vous cesseriez d'aimer un pauvre diable qui se dissimu-

lerait et se glisserait jusqu'à vous. Un assassin est
autre chose. Vous avez vécu en dehors de la vie.
C'est à moi de vous venir en aide. Vous m'avez
sauvé, je vous sauve. Un fantôme vous tuait et
vous empêchait de vivre. Je l'ai tué. Je n'ai pas tué
la reine. La reine doit sortir de l'ombre. Une reine
qui gouverne et qui accepte les charges du pouvoir.

On complote contre vous. C'est facile, vous ne
répondez rien. Les ministres le savent. Répondez-
leur. Changez en un instant votre mode d'existence.
Retournez dans votre capitale. Étincelez. Parlez à
l'archiduchesse comme une reine et non comme une
belle-fille. Écrasez Foëhn. Nommez le duc de Willenstein généralissime. Appuyez-vous sur ses troupes.
Passez-les en revue, à cheval. Étonnez-les. Vous n'aurez même pas à dissoudre les chambres ni à nommer
de nouveaux ministres. Ils obéissent à une poigne.
Je connais la vôtre. Je vous ai vue, cette nuit, tenir
votre éventail comme un sceptre et frapper les
meubles avec. Frappez les vieux meubles dont les
tiroirs regorgent de paperasses. Balayez ces paperasses et cette poussière. Votre démarche suffit à
faire tomber le peuple à genoux. Relevez votre voile.
Montrez-vous. Exposez-vous. Personne ne vous tou-
chera. Je vous l'affirme. Moi, je contemplerai votre
œuvre. Je vivrai dans vos montagnes. Je les connais
depuis toujours. Aucune police ne saurait m'y
prendre. Et quand ma reine sera victorieuse, elle
fera tirer le canon. Je saurai qu'elle me raconte sa
victoire. Et quand la reine voudra m'appeler, elle
criera comme un aigle, je viendrai m'abattre sur les
pics où elle bâtissait ses châteaux. Je ne vous offre
pas le bonheur. C'est un mot déshonoré. Je vous
offre d'être, vous et moi, un aigle à deux têtes comme
celui qui orne vos armes. Vos châteaux attendaient
cet aigle. Vous les bâtissiez pour être ses nids.

Tout ce qui retombe est affreux. Vous avez
demandé à Dieu qu'il nous sauve. Écoutez son ange
qui s'exprime par ma voix.

La reine tire trois fois le ruban de la sonnerie.

Maintenant, répétez ce que je vais dire.

Mon Dieu, acceptez-nous dans le royaume de vos
énigmes. Évitez à notre amour le contact du regard
des hommes. Mariez-nous dans le ciel.

LA REINE, bas.

Mon Dieu, acceptez-nous dans le royaume de vos
énigmes. Évitez à notre amour le contact du regard
des hommes. Mariez-nous dans le ciel.

> *La porte de droite s'ouvre. Félix de Willens-*
> *tein paraît, la referme et se met au garde-à-vous.*

SCÈNE X

LA REINE, STANISLAS, FÉLIX

LA REINE

Eh bien! Félix, vous en faites une figure. Qu'est-ce
qui vous étonne? Ah! oui... J'oubliais. Je me montre
toute nue devant deux hommes. Je quitte le voile,
Félix, et j'ai dix ans de plus. Il faut vous y faire. J'ai
à vous donner des ordres.

Je retourne à la cour. Nous y partirons tous
demain à une heure. Commandez les calèches, la
chaise de poste. Je ne laisserai à Krantz que le personnel du château.

Mlle de Berg abandonne mon service. L'archiduchesse la recueillera parmi ses filles d'honneur.
Dès que vous serez à la ville, vous prendrez le
commandement des forts. Organisez immédiatement
le voyage et les étapes. Je ne souffrirai aucun retard.
Vous me précéderez dans ma capitale avec cent cinquante hommes et vous ferez tirer cent coups de
canon.

Demain, à midi, vous grouperez mes chevau-
légers dans le parc derrière la pièce d'eau. Vous obser-
verez cette fenêtre. *(Elle désigne la fenêtre qui domine*
l'escalier.) Dès que j'y apparaîtrai, le visage découvert, la musique des gardes jouera l'hymne royal.

Ce sera le début de mon règne.

Je compte sur votre attachement à ma personne et sur votre loyauté à ma cause.

Vous êtes libre.

> *Félix de Willenstein claque les talons, salue et sort.*

SCÈNE XI

LA REINE, STANISLAS

> LA REINE, *elle s'approche de Stanislas,*
> *met les mains sur ses épaules*
> *et le regarde longuement dans les yeux.*

Stanislas... Êtes-vous content de votre élève?

> *Stanislas ferme les yeux, ses larmes coulent.*

Vous pleurez?

STANISLAS

Oui. De joie.

RIDEAU

ACTE III

Même décor qu'au deuxième acte. Il doit être onze heures du matin. La fenêtre de la bibliothèque est grande ouverte sur le parc. Au lever du rideau, Stanislas est seul en scène, grimpé sur une des échelles à livres. Il a des livres sous le bras gauche. A la main droite, il tient un livre et le lit. Au bout d'un instant, Mlle de Berg tourne la galerie de gauche et descend les marches. Elle arrive près de Stanislas qui ne la voit pas, absorbé dans sa lecture.

STANISLAS, ÉDITH

ÉDITH

Bonjour, monsieur.

STANISLAS, *il sursaute et ferme le livre.*

Excusez-moi, mademoiselle.

Il met le livre sous son bras et en prend d'autres.

ÉDITH

Je vous dérange?

STANISLAS

La reine désire emporter certains livres, et, au lieu de les mettre en pile, je les lisais.

ÉDITH

C'est le rôle d'un lecteur.

STANISLAS

Mon rôle est de lire les livres à la reine et non de les lire pour mon propre compte.

ÉDITH

La reine est sortie à cheval?

STANISLAS

Lorsque la reine m'a donné ses instructions, elle était en robe d'amazone. Elle a fait seller Pollux. Je

crois qu'elle galope dans la forêt. Elle ne compte être
de retour qu'à midi.

ÉDITH

Tiens... vous connaissez même le nom des chevaux.
C'est superbe.

STANISLAS

J'ai entendu la reine prononcer le nom du cheval
devant moi. Vous n'avez pas encore vu Sa Majesté?

ÉDITH

J'étais en prison, cher monsieur. Tony n'a daigné
ouvrir ma porte que vers dix heures. Je ne savais rien
de l'extraordinaire voyage qui se prépare au château.

STANISLAS

Oui, je crois que la reine retourne dans sa capitale...

ÉDITH

Vous le croyez?

STANISLAS

Il m'a semblé comprendre que la reine quitterait
Krantz cet après-midi.

ÉDITH

Pour un jeune homme, ce doit être magnifique de
suivre la reine à la cour. Vous devez être heureux.

STANISLAS

Sa Majesté ne me fait pas l'honneur de m'emmener
avec elle. Je resterai à Krantz.
Sa Majesté se propose sans doute de vous avertir
dès qu'elle rentrera.

*Il va prendre d'autres livres et les porte sur la
table.*

ÉDITH

Il est vrai que nous commençons à avoir l'habitude
de vivre sur les chemins et de changer de résidence.

Il est rare que Sa Majesté reste plus de quinze jours dans le même endroit.

STANISLAS

Quinze jours à la ville ne peuvent que vous faire plaisir.

ÉDITH

Si nous y restons quinze jours. Je connais Sa Majesté. Au bout de trois jours, nous partirons pour Oberwald ou pour les lacs.

STANISLAS

Je connais, hélas, trop peu Sa Majesté pour vous répondre.

Silence. Stanislas range des livres.

ÉDITH

Vous connaissez le comte de Foëhn?

STANISLAS

Non, mademoiselle.

ÉDITH

C'est un homme extraordinaire.

STANISLAS

Je n'en doute pas. Sa charge l'exige.

ÉDITH

Je vous entends. Un chef de la police ne doit jamais être bien sympathique à un esprit libre comme le vôtre. Du moins, je le présume.

STANISLAS

Vous ne vous trompez pas. Le poste qu'il occupe ne m'est pas très sympathique au premier abord.

ÉDITH

Il protège la reine.

STANISLAS

Je l'espère beaucoup.

Il s'incline. Silence.

ÉDITH

Cher monsieur, quelle que soit la surprise que vous pourrez en avoir, j'ai une petite mission à remplir auprès de vous de la part du comte.

STANISLAS

Auprès de moi?

ÉDITH

Auprès de vous.

STANISLAS

Je croyais qu'il avait quitté Krantz.

ÉDITH

Il devait quitter Krantz à l'aube. Sans doute a-t-il été surpris par ce qui s'y passe. On m'accuse d'être curieuse. Mais la curiosité du comte est sans bornes. Il est resté à Krantz. Je viens de l'y voir. Il vous cherche.

STANISLAS

Je comprends mal en quoi un homme de mon espèce peut intéresser M. de Foëhn.

ÉDITH

Il ne me l'a pas dit. Mais il vous cherche. Il m'a demandé s'il m'était possible de lui ménager une entrevue avec vous.

STANISLAS

C'est un bien grand honneur, mademoiselle. Sa Majesté est-elle au courant de votre démarche?

ÉDITH

C'est que, voilà... M. de Foëhn ne désirerait pas qu'on dérangeât Sa Majesté pour une simple enquête.

Il préférerait même qu'elle n'en fût pas avertie.

STANISLAS

Je suis au service de Sa Majesté. Je n'ai d'ordres à recevoir que d'elle.

ÉDITH

M. de Foëhn serait le premier à comprendre votre attitude. Il l'admirerait. Seulement, son service, à lui, l'oblige parfois à enfreindre le protocole. Il circule dans l'ombre et il dirige tout. Il avait, du reste, deviné votre réaction. Il m'a chargée de vous dire qu'il demandait cette entrevue comme une aide et qu'il y allait du repos de Sa Majesté.

STANISLAS

Je connais mal la cour, mademoiselle. Est-ce la manière dont le chef de la police formule un ordre?

ÉDITH, *souriant.*

Presque.

STANISLAS

Alors, mademoiselle, il ne me reste qu'à obéir et à vous prier de me conduire auprès de M. de Foëhn. Je suppose qu'il ne tient pas à ce que notre... entrevue — comme vous dites — risque d'être surprise par la reine?

ÉDITH

La reine galope, cher monsieur. Et quand elle galope, elle galope loin. Pollux est un vrai sauvage. Cette bibliothèque est encore l'endroit le plus tranquille et le plus sûr. Tony est avec Sa Majesté. Le duc de Willenstein s'annonce par trois sonnettes. Du reste, je veillerai à ce qu'il ne se produise aucun contretemps.

STANISLAS

Je vois, mademoiselle, que vous êtes toute dévouée à M. de Foëhn.

ÉDITH

A la reine, cher monsieur. C'est pareil.

STANISLAS, *il s'incline.*

Je suis aux ordres du chef de la police.

ÉDITH

Du comte de Foëhn. Que me parlez-vous du chef
de la police? C'est le ministre, comte de Foëhn, qui
désire vous voir.

STANISLAS

Je suis son serviteur.

Mlle *de Berg va ouvrir la petite porte, la laisse
ouverte et disparaît.*

SCÈNE II

STANISLAS, LE COMTE DE FOËHN

*Le comte de Foëhn entre par la petite porte et la
referme. Il est en bottes comme au premier acte. Il a son
chapeau à la main.*

LE COMTE

Excusez-moi, cher monsieur, de vous déranger à
l'improviste. Dans ma charge, sait-on jamais ce
qu'on fera, cinq minutes avant. Mon métier, si bizarre
que cela paraisse, comporte une certaine poésie. Il
repose sur l'impondérable... l'imprévisible. Bref, vous
êtes poète, si je ne m'abuse — et vous devez être
apte à me comprendre mieux que n'importe qui.

Le comte vient s'asseoir près de la table.

Vous êtes poète? Je ne me trompe pas?

STANISLAS

Il m'arrive d'écrire des poèmes.

LE COMTE

Un de ces poèmes, si toutefois le terme peut s'appli-
quer à un... texte en prose (remarquez bien que cela
vous regarde et que je ne désire pas vous ennuyer avec
des questions de syntaxe)... un de ces poèmes, disais-
je, a paru dans une petite feuille de gauche. La reine,
qui est un peu frondeuse, l'a trouvé drôle, l'a fait
imprimer à un grand nombre d'exemplaires et, par
ses soins, ces exemplaires ont été distribués à toute
la cour.

STANISLAS

J'ignorais...

LE COMTE

Ne m'interrompez pas. La reine est libre. Ce sont
là des farces qui l'amusent. Seulement, il lui arrive de
ne plus se rendre compte du désordre provoqué par
des forces qui ne lui représentent, de loin, que des
caprices, et qui prennent un sens beaucoup plus grave
lorsqu'elles se produisent en public.
Vous n'ignoriez pas que la reine honorait ce
texte de son indulgence? Répondez.

STANISLAS

En ce qui me concerne, je n'attache aucun prix à
ces quelques lignes. J'ai été très étonné d'apprendre,
de la bouche même de Sa Majesté, qu'elle avait lu ce
texte, qu'elle ne le considérait pas comme une offense
et qu'elle n'en retenait qu'une certaine façon plus ou
moins neuve d'assembler des mots.

LE COMTE

L'assemblage de ces mots est donc si malheureux
— ou si heureux, tout dépend du point de vue
auquel on se place — qu'il en résulte un texte subversif dont le scandale dépasse les mérites. Ce scandale
est immense. Le connaissiez-vous?

STANISLAS

Je ne m'en doutais pas, monsieur le comte, et je le

regrette. Sa Majesté n'a pas cru devoir m'en avertir.

LE COMTE

Il ne m'importe pas de savoir maintenant comment Sa Majesté qui, je le répète, est libre de ses gestes, a pris contact avec vous. Je le saurai à mon retour. Ce qui m'importe, c'est de savoir quel rôle vous avez joué à Krantz et par quelle manœuvre il vous a été possible d'obtenir d'elle un revirement auquel aucun de nous ne pouvait s'attendre. *(Silence.)* Je vous écoute.

STANISLAS

Vous m'étonnez beaucoup, monsieur le comte. De quel rôle parlez-vous? La reine a eu le caprice d'essayer comme lecteur un pauvre poète de sa ville. Mon rôle s'arrête là. Je ne saurais prétendre à aucun autre.

LE COMTE

C'est juste. N'insistons pas. Mais alors puisque votre présence à Krantz n'entre pour rien dans le revirement de Sa Majesté, refuserez-vous de m'expliquer le vôtre?

STANISLAS

Je vous comprends mal.

LE COMTE

Je veux dire, refuserez-vous de m'expliquer par quel prodige un jeune écrivain de l'opposition accepte du jour au lendemain de se mettre au service du régime. Que dis-je? de sauter toute l'échelle hiérarchique et de tomber dans la bibliothèque de la reine, en haut d'une montagne, à pieds joints. Cet exercice représente une force et une souplesse peu communes.

STANISLAS

Il arrive que le hasard pousse la jeunesse dans des milieux qui lui conviennent mal. Un jeune homme

s'exalte vite et se fatigue aussi vite de ce qui l'exalte.
J'étais arrivé à la période où les idées dans lesquelles
nous avons mis notre foi ne nous convainquent plus.
Rien n'est plus triste au monde, monsieur le comte.
On accusait la reine de mille turpitudes. J'ai décidé
d'accepter son offre et de juger par moi-même. Il m'a
suffi d'un coup d'œil pour me rendre compte de
l'erreur où je vivais. Le vrai drame, c'est la distance
et que les êtres ne se connaissent pas. S'ils se connais-
saient, on éviterait de la tristesse et des crimes.

Du reste, vous le disiez vous-même, monsieur le
comte, si la reine se montrait, le malentendu entre
elle et son peuple prendrait fin.

> *A peine Stanislas a-t-il parlé qu'il s'aperçoit
> de sa faute. Il détourne la tête. Le comte avance
> son fauteuil.*

LE COMTE

Où diable ai-je dit cela?

STANISLAS

Que monsieur le comte m'excuse. Je me laissais
entraîner sur cette pente qui consiste à raconter ses
propres histoires. Il me semblait...

LE COMTE

Il vous semblait quoi?

> *Il marque le* quoi *de son chapeau, sur le bras
> du fauteuil.*

STANISLAS, *fort rouge.*

Il me semblait que Sa Majesté, en me parlant de
vous, monsieur le comte, m'avait rapporté ce propos.

LE COMTE

Sa Majesté est trop aimable de se souvenir des
moindres paroles du plus humble de ses serviteurs. Je
crois bien, en effet, lui avoir dit quelque chose de ce
genre. C'est d'ailleurs un lieu commun et qui tombe
sous le sens. Je vous félicite, au passage, d'être aussi

avancé dans ses confidences. Sa Majesté n'est pas
communicative. Elle doit vous estimer beaucoup.
(Silence.) Elle vous parlait de moi!

STANISLAS

Je rangeais des livres. Sa Majesté se parlait sans
doute à elle-même. J'ai eu le mauvais goût d'écouter
et de vous répéter ce que j'avais entendu.

LE COMTE

Et c'est après mon départ que vous rangiez des
livres et que Sa Majesté se parlait toute seule et que
vous l'entendiez parler de moi?

STANISLAS

Oui, monsieur le comte.

LE COMTE

Très, très curieux.

> *Il se lève et regarde le dos des livres. Puis il se
> retourne et reste adossé à la bibliothèque.*

Avancez. *(Stanislas avance.)* Stop.

> *Stanislas s'arrête.*

Ressemblance ex-tra-or-dinaire.
Qu'en pense la reine?

STANISLAS

J'imagine que ma ressemblance avec le roi, dans la
mesure où un homme de ma classe peut se permettre
de ressembler à un souverain, a davantage plaidé ma
cause auprès de la reine que mes mérites personnels.

LE COMTE

Je la comprends! Un physique comme celui de
notre regretté roi Frédéric ne court pas les rues. Et
je n'aimerais pas les lui laisser courir. Diable! Entre
certaines mains cette ressemblance étonnante pourrait servir à frapper les imaginations et à faire naître
des légendes. Nous mourons de légendes, cher monsieur. Elles nous étouffent. La légende de la reine cause

bien des ravages. Elle énerve les uns contre elle, les autres pour. C'est du désordre. Ma nature ne l'aime pas. C'est la raison pour laquelle je tenais à vous remercier de la décision qu'elle a prise et qui est la sagesse. Je vous en croyais responsable. Je me trompais, n'en parlons plus.

> *Silence. Le comte de Foëhn vient se rasseoir dans le fauteuil.*

Cher monsieur, je vais vous donner un exemple de ma franchise. Prenez donc une chaise. Vous avez l'air fatigué. Prenez, asseyez-vous, vous n'êtes pas dans le cabinet du chef de la police. Nous causons. Et, parmi ces livres de vos collègues, vous êtes en quelque sorte chez vous.

> *Stanislas prend une chaise et vient s'asseoir le plus loin possible du fauteuil de Foëhn.*

Approchez, approchez.

> *Stanislas rapproche sa chaise.*

Je vais vous donner un exemple de ma franchise et de la liberté avec laquelle je m'exprime en votre présence. *(Un temps.)* Cher monsieur, à vrai dire, pendant que je visitais la reine, j'ai cru — et je m'en excuse — que vous assistiez, invisible, à notre entretien.

> *Stanislas se lève.*

Là! Là! Il prend la mouche. Restez tranquille. Je n'ai pas dit que vous assistiez à notre entretien, j'ai dit que je le croyais. Un ministre de la police doit toujours être sur ses gardes. On nous a joué tellement de tours.

> *Stanislas se rassoit.*

Votre manière romanesque de rejoindre votre poste n'avait pas éveillé mes soupçons. Vous avez roulé Foëhn. Et ce n'est pas commode! J'aurais dû reconnaître une de ces mises en scène pittoresques dont Sa Majesté possède le secret. Je n'y ai vu que du feu, je l'avoue. Le lendemain, dans la bibliothèque, j'ai employé, à votre adresse, une vieille ruse qui manque rarement son but. J'ai raconté à Sa Majesté

que mes hommes vous avaient pris, que je vous avais
interrogé, que vous m'aviez avoué un projet de crime
et que vous aviez vendu vos complices.

STANISLAS, *il se lève.*

Monsieur!

LE COMTE

Du calme. Du calme. J'espérais vous émouvoir
assez pour vous faire sortir de vos gonds. La reine
porte un voile. Il m'était impossible d'observer son
visage. Elle est très forte, Sa Majesté. En ce qui vous
concerne, de deux choses l'une. Ou bien vous n'étiez
pas caché dans la bibliothèque, ou bien vous y étiez
caché, et alors, cher monsieur, vous avez fait preuve
d'une maîtrise sur vous-même devant laquelle je
tire mon chapeau.

STANISLAS

Que me voulez-vous?

LE COMTE

Je vais vous le dire.

*Le comte se lève et vient s'appuyer à la chaise
de Stanislas.*

Je ne crois pas un traître mot de ce que vous
essayez de me faire croire, mais j'aime que vous
essayiez de me le faire croire, et ceci plaide encore
votre cause. Vous me plaisez. La reine a décidé de
rompre avec des habitudes funestes et de reprendre
son rang à la cour. Elle l'a décidé par l'entremise
de votre enthousiasme — c'est du moins ce que je
veux croire — et je parierais que je ne m'illusionne
pas. Laissez-moi parler.

Mais à quoi servira ce voyage sensationnel, s'il
n'est qu'un simple feu d'artifice?

Quel est le rêve de l'archiduchesse? Voir sa belle-
fille assurer la puissance du trône et mourir tranquille. Au lieu de ce rêve, que se passe-t-il? La reine
se dérobe aux charges qui lui incombent. Elle les
méprise et accuse sa belle-mère de conspirer. Conspi-

rer! Où en trouverait-elle la force? Il n'y a pas de jour qu'elle ne m'appelle et qu'elle ne me conjure d'essayer de convaincre la reine.

Non. Il importe que ce voyage serve à quelque chose. Il importe que la reine ne fasse pas dans sa capitale une tentative qui échoue. Il importe qu'elle ne se dégoûte pas des routines qui consistent à empiler des paperasses entre le souverain et l'exécution de sa volonté, à convaincre de vieux ministres, à écouter leurs plaintes. L'archiduchesse, elle, en a l'habitude. Elle a choisi la mauvaise part. Elle la supporte avec héroïsme.

Que se passera-t-il demain? Je vous le demande. On excitera la reine à prendre ses prérogatives. On lui dira que l'archiduchesse gouverne à sa place et refuse de lui céder le pas. Elle gouvernera. Elle s'ennuiera. Elle se dégoûtera. Elle partira.

Que demanderons-nous à Sa Majesté? D'être une idole. De masquer, sous son faste, ces réalités sordides auxquelles une femme de sa taille ne se pliera jamais. La reine absente, le peuple les voit. C'est tout le problème. Il nous faudrait un homme de cœur et qui ne soit pas un homme de cour. Un homme qui consente à sauver la reine. Un homme qui lui prouverait qu'on ne lui demande pas une besogne ingrate, que l'archiduchesse l'aime comme sa propre fille et ne cherche qu'à prendre sur elle l'ennui mortel de ce travail obscur. Vous commencez à me comprendre?

STANISLAS

Vous me surprenez, monsieur le comte. Comment un personnage de votre importance peut-il, une seule minute, s'illusionner sur les aptitudes politiques d'un pauvre étudiant tel que moi?

LE COMTE

Vous vous opiniâtrez dans votre attitude?

STANISLAS

Il n'y a aucune attitude, je vous l'affirme. Je

crains que tout ceci ne vienne des belles imaginations de Mlle de Berg.

LE COMTE

Mlle de Berg n'entre pour rien dans cette affaire.
J'ai l'habitude, sachez-le, de me fier à mon coup
d'œil et d'agir seul.

STANISLAS

Elle aurait alors pu vous dire que Sa Majesté ne
m'attache pas à sa personne et ne m'emmène pas
avec sa maison.

LE COMTE

Cher monsieur, le temps passe et la reine peut
nous surprendre d'une minute à l'autre. Jouons cartes
sur table. Vous avez réussi, ne le niez pas, à obtenir
en un jour de Sa Majesté ce qu'aucun de nous, depuis
dix années, n'a pu obtenir. Je ne vous demande ni
d'en faire l'aveu, ni de m'en dévoiler le mystère. Je
respecte votre réserve. Je vous demande seulement
que votre influence occulte nous aide à empêcher la
reine de se jeter dans un échec. Je vous demande de
vous arranger pour la suivre dans sa capitale et
d'empêcher l'affreux désordre que ne manquerait
pas de produire une hostilité ouverte de la reine
contre l'archiduchesse, les ministres, le conseil de la
couronne, les chambres et le parlement. Ai-je été
clair?

STANISLAS

Monsieur le comte, je vous entends de moins en
moins. Outre que je n'ai ni à accepter, ni à refuser
de rendre un service que je ne suis pas en mesure
de rendre, il me semble qu'une cour, qui est un
coupe-gorge, ne tarderait pas à considérer l'influence
du dernier des sujets du royaume auprès de la reine
comme un scandale et qu'elle y puiserait des forces
nouvelles pour perdre Sa Majesté.

LE COMTE

Rien ne s'oppose à ce que la reine attache à sa
personne un lecteur de sa fantaisie. Rien ne s'y
oppose pourvu que l'archiduchesse le trouve bon.
Votre ressemblance avec le roi peut orienter la cour
dans un sens comme dans l'autre. Désapprouvé par
nous, vous êtes un scandale. Appuyé par l'archiduchesse et par ses ministres, vous cessez de l'être
et cette ressemblance charmera la cour. La puissance d'une reine a des limites, cher monsieur. Celle
d'un chef de la police n'en a pas.

STANISLAS

Et si je reste à Krantz?

LE COMTE

Diable! Vous n'imaginez pas que votre interven-
tion restera secrète. La cour est un coupe-gorge, je
vous le concède. Elle en interprétera le sens à sa
manière qui n'est pas propre. On ne se débarrasse
pas de la cour d'un coup d'éventail. Nous ne vivons
pas un conte de fées. On salira la reine.

STANISLAS, *dressé.*

Monsieur!

LE COMTE

On salira la reine et vous en serez le motif. Allons,
cher monsieur, soyez raisonnable. Aidez-nous.

STANISLAS

Et... que m'offrez-vous en échange?

LE COMTE

Le plus grand bien en ce monde. La liberté.

*Long silence. Stanislas se lève et marche dans
la bibliothèque. Le comte reste appuyé au dossier
de sa chaise. Stanislas redescend jusqu'à lui.*

STANISLAS

C'est-à-dire, en termes clairs, que si ma mystérieuse influence existe, si j'en use, si je manœuvre la reine et vous la livre pieds et poings liés, le comte de Foëhn s'engage à rayer mon nom sur les listes noires de la police.

LE COMTE

Que vous êtes romanesque! Qui parle de livrer la reine? Et à qui, grand Dieu? Et pourquoi! On ne vous demande rien d'autre que d'empêcher des éclats déplorables et de servir d'agent de liaison entre deux camps qui défendent la même cause et s'imaginent être des camps ennemis.

Silence.

STANISLAS

Monsieur le comte, j'étais caché dans la bibliothèque. J'ai tout entendu.

LE COMTE

Je n'en ai jamais douté.

STANISLAS

La reine voulait avoir l'opinion d'un homme du peuple. Il se trouve que j'en avais une. Je n'ai rien à perdre. Les protocoles n'existent pas pour moi. La reine m'interrogeait. J'ai répondu ce que je pense.

LE COMTE

Et peut-on savoir ce que vous pensez?

STANISLAS

Je pense que l'archiduchesse craint le rayonnement d'une reine invisible et que, non content de répandre sur elle des ordures, de commanditer les feuilles clandestines qui l'attaquent, d'exciter nos groupes et de les pousser au crime, vous projetez de l'attirer dans sa capitale, de la perdre, de l'humilier, de l'exaspérer, de la pousser à bout, de la mettre hors d'elle-même, de la faire passer pour folle, d'obtenir des deux chambres son interdiction et du ministre des Finances la mainmise sur ses biens.

LE COMTE

Monsieur!

STANISLAS

Et je ne me doutais pas du pire. Le scandale était admirable. La reine emmènerait à la cour un jeune homme du peuple, un lecteur sans charge, un sosie du roi!

LE COMTE

Taisez-vous.

STANISLAS

Prenez garde! La reine ne régnait plus. Elle règne. Elle brûlera vos paperasses. Elle balayera vos poussières. Elle jettera sa foudre sur votre cour.

Vous parlez de féerie. C'en est une. Un seul coup d'éventail de la reine et votre édifice s'écroule. Je ne donnerais pas cher de votre peau.

LE COMTE

Vous êtes accusé de complicité criminelle dans un projet d'attentat contre Sa Majesté. J'ai le mandat dans ma poche. Je vous arrête. Vous vous expliquerez devant le tribunal.

STANISLAS

La reine me protège.

LE COMTE

Le devoir de ma charge, à moi, consiste à protéger la reine fût-ce contre sa propre personne et dans sa propre maison.

STANISLAS

Vous oseriez m'arrêter chez la reine!

LE COMTE

Je me gênerais!

STANISLAS

Vous êtes un monstre.

LE COMTE

La reine est une chimère. Vous avez volé à son secours sur un hippogriffe. Il y a des monstres charmants.

STANISLAS

Et si je sollicitais de vous une dernière grâce.

LE COMTE

Allez, allez. Ma patience est célèbre. Voilà un quart d'heure que j'essaie de sauver votre tête de l'échafaud.

STANISLAS

La reine quitte Krantz à une heure. Peu importent les raisons qui vous font tenir à ce départ. Ce ne sont pas les miennes. Mais vous y tenez. Moi, je donnerais ma vie et je vous la donne pour que ce voyage réussisse. D'autre part, il est capital pour vous comme pour moi que Sa Majesté ignore cet entretien. Laissez-moi libre jusqu'à une heure.

LE COMTE

Vous parlez en poète.

STANISLAS

Il entre dans vos intérêts de ne pas troubler les préparatifs de Sa Majesté par le désordre de mon arrestation au château.

LE COMTE

Ceci est moins idéologique... Vous me demandez deux heures de grâce. Je vous les accorde. Le château est cerné par mes agents.

STANISLAS

Vos agents peuvent abandonner leur poste. La reine monte en voiture à une heure. A une heure dix,

je serai à vos ordres, devant le porche des écuries.
Vous avez ma parole. Vous m'emmènerez par les
communs, sans qu'on nous voie.

LE COMTE

Dommage que nous ne soyons pas parvenus à nous
entendre.

STANISLAS

Dommage pour vous.

> *La sonnerie s'agite trois fois.*

LE COMTE, *il sursaute.*

Qu'est-ce que c'est?... Mlle de Berg?

STANISLAS

Non. C'est le signal du duc de Willenstein.

LE COMTE

C'est fort commode. *(Il monte jusqu'à la petite porte
de gauche.)* Je me sauve. A tout à l'heure. *(A la
porte.)* Ne me reconduisez pas.

> *Il sort. A peine le comte de Foëhn vient-il de
> disparaître, que Félix de Willenstein ouvre la
> porte de droite. Il entre. Stanislas se trouve
> presque de dos au premier plan gauche.*

SCÈNE III

STANISLAS, FÉLIX

FÉLIX, *il cherche la reine et aperçoit Stanislas.*

Je croyais que Sa Majesté m'attendait dans la
bibliothèque.

> *Il sursaute et recule.*

Ah!...

> *C'est un véritable cri étouffé qu'il pousse.*

STANISLAS

Qu'avez-vous, monsieur le duc?

FÉLIX

Grand Dieu! Hier, je regardais la reine et il faisait si sombre, je ne vous avais pas vu.

STANISLAS

Ma ressemblance avec le roi est donc si grande?

FÉLIX

Elle est effrayante, monsieur, voilà ce qu'elle est. Comment une ressemblance pareille est-elle possible?

STANISLAS

Je m'excuse de vous avoir involontairement produit ce choc.

FÉLIX

C'est moi, monsieur, qui m'excuse d'avoir si mal dominé mes nerfs.

Mlle de Berg paraît en haut de l'escalier.

SCÈNE IV
STANISLAS, FÉLIX, ÉDITH

ÉDITH, *elle a descendu les marches.*
A Stanislas.

Je vous félicite, monsieur. Sa Majesté vient de m'annoncer que je ne faisais plus partie de sa maison. Je retourne au service de l'archiduchesse.

STANISLAS

Je ne vois pas, mademoiselle, en quoi cette mesure de Sa Majesté me concerne et m'attire vos félicitations.

ÉDITH

Je suppose que mon renvoi signifie que vous êtes nommé à mon poste.

FÉLIX, *la calmant.*

Édith!...

ÉDITH

Ah! vous! laissez-moi tranquille! *(A Stanislas :)* Est-ce exact?

STANISLAS

Hélas, mademoiselle, Sa Majesté qui ne songe guère à moi a sans doute oublié de vous dire que je ne la suivais pas à la cour.

ÉDITH

Vous restez à Krantz?

STANISLAS

Ni à Krantz, ni à la cour. Je disparais.

ÉDITH

Mais alors, si personne ne me supplante, pouvez-vous m'expliquer ma disgrâce?

FÉLIX

Édith! Édith! Je vous en prie, nous n'avons pas à mêler un étranger à nos affaires intimes.

ÉDITH, *criant.*

Comme s'il ne s'en mêlait pas?

STANISLAS

Mademoiselle!

ÉDITH, *marchant sur lui et hors d'elle.*

Je ne vois qu'une chose. J'étais la lectrice de la reine. Vous arrivez. Je ne le suis plus.

STANISLAS

Ma mince personnalité n'y entre pour rien.

ÉDITH

Qu'avez-vous insinué à la reine? Que lui avez-vous dit?

STANISLAS

Je connais Sa Majesté depuis hier.

ÉDITH, *sous le nez de Stanislas.*

Que lui avez-vous dit?

FÉLIX, *bas.*

Sa Majesté!

> *La reine est apparue en haut des marches,
> venant de la galerie de gauche. Elle descend.
> Elle est en costume d'amazone, sa cravache à
> la main.*

SCÈNE V

LA REINE, STANISLAS, FÉLIX, ÉDITH

LA REINE, *dévoilée.*

C'est vous, mademoiselle de Berg, qui criez si fort?
(Elle descend les dernières marches.) Je n'aime pas
beaucoup entendre crier. Passerez-vous votre vie en
disputes avec ce pauvre Willenstein? Bonjour, Félix.
(Saluant Stanislas de la cravache.) Monsieur! Mlle de
Berg s'inquiétait hier d'entendre votre voix jusque
dans le parc. J'entendais la sienne du bout du vesti-
bule. Il est vrai qu'il ne s'agissait pas de lecture. Lorsqu'elle lit, on ne l'entend pas.

ÉDITH, *encore inclinée.*

Madame...

LA REINE

Laissez-nous. Vous devez avoir une foule de choses à *faire* et à *dire* avant le départ.

> *Édith plonge et disparaît par la petite porte de gauche.*

Alors, Félix, Édith de Berg vous tracasse toujours? Je vous avais convoqué pour mettre au point les préparatifs de notre escorte. Mais il faut que je m'occupe d'abord et avant tout de mes livres. Je vous laisse libre de surveiller vos hommes. Je vous sonnerai dans un moment.

> *Félix salue et sort par la porte de droite.*

SCÈNE VI

LA REINE, STANISLAS

LA REINE

Je ne pouvais plus supporter la présence de personne. *(Elle enlève son chapeau haut de forme et le jette sur un meuble. Elle ne garde que sa cravache à la main.)* Willenstein me regarde avec des yeux ronds et j'ai été passablement dure pour Édith de Berg. Ils doivent mettre ma nervosité sur le compte de ce départ. La vérité, c'est que je ne pouvais plus vivre sans être seule avec toi.

> *Elle se laisse tomber dans le fauteuil près du poêle.*

STANISLAS, *il s'agenouille près d'elle comme au deuxième acte.*

Dès que tu t'éloignes, je crois que le dormeur qui nous rêve se réveille. Mais non. Il se retourne dans son lit. Je te vois et son rêve recommence.

LA REINE

Mon amour...

STANISLAS

Répète...

LA REINE

Mon amour...

STANISLAS

Répète, répète, encore...

Il ferme les yeux.

LA REINE, *elle lui embrasse les cheveux.*

Mon amour, mon amour, mon amour, mon amour.

STANISLAS

C'est merveilleux.

LA REINE

J'ai galopé comme une rafale. Pollux allait le tonnerre. Nous piquions sur le glacier comme une
alouette sur un miroir. Le glacier m'attirait. Il
m'envoyait ses foudres blanches. Il étincelait! Tony
suivait sur son arabe. Je sentais qu'il voulait crier,
m'arrêter, mais il crie avec ses doigts, et il se cramponnait aux rênes. Une fois je me suis retournée et il a
gesticulé. J'ai cravaché Pollux. Je le poussais droit au
lac. Le lac miroitait en dessous. Entre le lac et la montagne nageaient des aigles. J'étais certaine que Pollux
pourrait sauter, voler, nager dans l'air comme eux,
me déposer sur l'autre rive. Il m'aspergeait d'écume.
Mais il s'est calmé. Il s'est arc-bouté. Il s'est arrêté
net, à pic au bord du vide. Il était raisonnable, lui!
Pauvre Pollux... Il n'est pas amoureux.

STANISLAS

Folle...

LA REINE

Et toi, tu rangeais mes livres. Tu me pardonnes?
Une rage de vivre, de braver la mort me commandait
de galoper de ne plus être une reine, ni une femme,

d'être un galop. Et dire que je croyais le bonheur une chose laide et malpropre. Je croyais que seul le malheur valait la peine d'être vécu. Rendre beau le bonheur, voilà le tour de force. Le bonheur est laid, Stanislas, s'il est l'absence de malheur, mais si le bonheur est aussi terrible que le malheur, c'est magnifique!

J'étais sourde, j'étais aveugle. Je découvre les montagnes, les glaciers, la forêt. Je découvre le monde. A quoi bon les orages? Je suis un orage moi-même, avec mon cheval.

STANISLAS

Moi non plus, je n'entendais rien, je ne voyais rien. J'ai appris bien des choses depuis deux jours.

LA REINE

Regarde mon cou. Ce matin, mon médaillon sautait, tournait, voltigeait, me frappait les épaules au bout de sa chaîne. Il aurait voulu m'étrangler! La mort qu'il enferme semblait me crier aux oreilles : « Tu veux vivre, ma fille; voilà du neuf! » Je l'ai ôté dans ma chambre. Qu'il y reste! Je l'y retrouverai quand j'aurai l'âge de l'archiduchesse et que tu ne m'aimeras plus.

STANISLAS

Je le jetterai dans le lac avec mon poème.

LA REINE

C'est le poème qui m'a fait te connaître, Stanislas.

STANISLAS

Comment ai-je été l'homme qui osait écrire ces lignes et mille autres pareilles que j'ai brûlées à Krantz.

LA REINE

Ainsi ces poèmes que tu as brûlés à Krantz étaient des poèmes à mon adresse?

STANISLAS

Oui, à ton adresse.

LA REINE

Et tu les as brûlés parce que tu craignais une perquisition et qu'on ne les trouve?

STANISLAS

Oui.

LA REINE

Qu'on ne les trouve après ma mort?

STANISLAS

Et qu'on s'en serve après la mienne. Oui.

LA REINE

Après ma mort et après la tienne, rien n'avait
plus grande importance, Stanislas.

STANISLAS

Je ne voulais pas qu'on en salisse ma victime, ni
qu'on m'en salisse. On aurait fait de toi une héroïne,
mais on aurait fait de moi un héros.

LA REINE

C'était de telles insultes?

STANISLAS

Oui, mon amour.

LA REINE

Tu pensais donc à moi sans cesse.

STANISLAS

J'étais hanté par toi. Tu étais mon idée fixe. Et
comme je ne pouvais pas t'approcher, il ne me restait
qu'à te haïr. Je t'étranglais en rêve. J'achetais tes
portraits et je les déchirais en mille morceaux. Je les
déchirais, je les brûlais, je les regardais se tordre
dans les flammes. Je voyais sur les murs le négatif
de leurs images. Dans les rues de la ville, ils me
défiaient derrière les vitrines. Un soir, j'en ai démoli
une avec un pavé. Comme on me poursuivait, je me

suis glissé par le soupirail d'une cave. J'y suis resté deux jours. J'y crevais de faim, de froid, de honte. Et toi, tu étincelais sur tes montagnes, comme un lustre de bal, avec l'indifférence des astres. Tout ce qu'on inventait de plus bas sur ta vie embellissait ma haine. Rien ne me semblait assez abject.

Le texte que tu connais est un ancien texte. Mes camarades n'auraient même pas osé publier les autres. Ils m'excitaient à écrire. Et moi, j'écrivais, j'écrivais, sans m'avouer que c'était un moyen de t'écrire. Je n'écrivais pas. Je t'écrivais.

LA REINE

Mon pauvre amour...

STANISLAS

Sais-tu ce que c'est que d'accumuler des lettres sans réponse, que d'injurier une idole des Indes, un sourire cruel qui se moque de vous.

LA REINE

Je t'envoyais aussi des lettres. Mon père fabriquait des cerfs-volants et me laissait leur expédier des messages. On troue un papier et il glisse jusqu'au cerf-volant, le long du fil. J'embrassais ce papier et je lui disais : « Trouve au ciel celui que j'aime. » Je n'aimais personne. C'était toi.

STANISLAS

Tes cerfs-volants étaient des princes...

LA REINE

Ils l'étaient peut-être pour mon père et pour ma mère. Ils ne l'étaient pas pour moi.

STANISLAS

Il ne faut pas m'en vouloir. Je couve encore de la révolte. Je la dirigerai contre ceux qui te veulent du mal.

LA REINE

T'en vouloir, Stanislas? Je suis une sauvage. N'abandonne jamais ta révolte. C'est elle, avant tout, que j'adore en toi.

STANISLAS

Les êtres de violence dépérissent dans le calme. J'aurais dû te tuer dans ta chambre la première nuit et me tuer ensuite. Voilà sans doute une façon définitive de faire l'amour.

La reine se lève, s'éloigne de Stanislas et revient à lui.

LA REINE

Stanislas, tu m'en veux de quitter Krantz.

STANISLAS

C'est moi qui t'ai suppliée de partir.

LA REINE

Ce n'était pas pareil. Tu m'en veux, maintenant, de quitter Krantz.

STANISLAS

Si tu restais à Krantz, c'est moi qui le quitterais.

LA REINE

Si je restais à Krantz pour toi, pour vivre auprès de toi, si pour toi je renonçais à reprendre le pouvoir, tu quitterais Krantz, tu me quitterais?

STANISLAS

Tout ce qui retombe est affreux. Ce sont tes propres termes. Je n'ai pas été long à comprendre ce qu'étaient les intrigues de cour, les pièges du protocole et de l'étiquette. Derrière ton dos, cet esprit abominable empoisonne tes résidences. Nous y serions vite un spectacle. Sauvons-nous à toutes jambes, ma reine, sauvons-nous à toutes jambes, toi d'un côté, moi de l'autre, et rencontrons-nous en cachette, comme des voleurs.

LA REINE

Depuis ce matin, j'ai la tête traversée par toutes les folies des femmes.

STANISLAS

Et moi par toutes les folies des hommes.

LA REINE

Je serai demain dans ma capitale. J'y tenterai un coup de force. Dieu m'aide et qu'il réussisse. Je le tenterai par toi et pour toi. Tu connais mon pavillon de chasse? Il sera notre poste. Tu y attendras des nouvelles. J'y enverrai Willenstein. Dans quinze jours, je monterai à Krantz. Si je monte à Wolmar, je te préviendrai. Tu viendras m'y rejoindre.

STANISLAS

Oui, mon amour.

LA REINE

N'écoute personne d'autre, sous aucun prétexte. Je t'enverrai Willenstein.

STANISLAS

Oui, mon amour.

LA REINE

Avant-hier, la tâche m'aurait semblé répugnante et au-dessus de mes forces. Aujourd'hui, elle m'amuse et rien ne m'en écartera plus. C'est ton œuvre.

STANISLAS

Oui, mon amour.

LA REINE

Sacre-moi reine, Stanislas.

Elle lui ouvre les bras.

STANISLAS

Oui, mon amour.

Il l'embrasse longuement, la serre dans ses bras.
La reine, comme étourdie, le quitte et s'appuie
contre le poêle à gauche.

LA REINE

Il me reste à donner des ordres à Félix. Monte à
mes appartements. Tu y trouveras Tony. Je t'y
rejoindrai avant le départ. Il faut que j'apprenne à
m'arracher de toi. C'est dur.

STANISLAS

Ce que nous entreprenons sera dur. Donne-moi du
courage, ma reine. Je suis peut-être moins brave
que toi.

LA REINE, *se redressant.*

Un aigle à deux têtes.

STANISLAS

Un aigle à deux têtes.

LA REINE, *elle s'élance vers lui*
et lui prend la tête entre les mains.

Et si on en coupe une, l'aigle meurt.

STANISLAS, *il l'enlace longuement.*

Je monte. Donne tes ordres. Ne sois pas trop
longue. Quelle est la chambre où je vais t'attendre?

LA REINE

A Krantz, je n'habiterai plus d'autre chambre que
celle où je t'ai connu.

Stanislas monte rapidement les marches et dis-
paraît par la galerie de gauche. La reine le suit
des yeux.

SCÈNE VII

LA REINE *seule, puis* FÉLIX

La reine, pendant que Stanislas disparaît, sonne les trois coups de Willenstein, en tirant le ruban près du poêle. Puis elle rôde à travers la pièce, regarde partout et cravache les meubles. Puis, elle pose un pied sur le fauteuil auprès duquel Stanislas était à genoux. La porte de droite s'ouvre. Félix de Willenstein entre et salue.

LA REINE

Entrez, Félix, je suis seule.

FÉLIX, *il avance jusqu'au centre de la pièce.*

J'écoute Votre Majesté.

LA REINE

Nous sommes prêts? Les chevaux? Les calèches? La chaise de poste?

FÉLIX

A une heure, Votre Majesté n'aura qu'à monter en voiture et à partir.

LA REINE, *elle désigne la table de la cravache.*

Tony vous portera ces livres. Je les emporte. Je ne veux aucun domestique dans la bibliothèque avant mon départ.

FÉLIX

Votre Majesté voyage en chaise de poste?

LA REINE

J'avais décidé de voyager en chaise de poste. Mais j'ai changé d'idée. Je ferai la route à cheval.

FÉLIX

Votre Majesté veut faire son entrée à cheval?

LA REINE

Je n'aime pas cette chaise de poste. Elle me rappelle la tragédie du roi. Vous voyez un inconvénient
à ce que je voyage à cheval? Puisque je me montre,
il est bon que je me montre le plus possible.

Félix garde le silence.

Dites ce que vous avez derrière la tête. N'ayez
pas peur.

FÉLIX

C'est que, Madame... Votre Majesté sait-elle que
le comte de Foëhn voyage avec nous?

LA REINE, *brusquement.*

Foëhn? Je croyais qu'il avait quitté Krantz ce
matin?

FÉLIX

Il a dû apprendre la décision de Votre Majesté.
Il est à Krantz. Je l'ai vu. Il m'a dit qu'il comptait
organiser lui-même le service d'ordre.

LA REINE

Qu'il organise, Félix. Je l'organiserai de mon côté,
voilà tout. Combien avez-vous d'hommes?

FÉLIX

Cent chevau-légers et cent cinquante gardes.

LA REINE

Je ferai donc le voyage en voiture jusqu'au dernier
relais. Je dînerai en route. Débrouillez-vous. Vous
accompagnerez la chaise de poste avec cinquante
hommes. Au dernier relais, je monterai à cheval.
Les chevau-légers formeront mon escorte... Vous...
de combien d'hommes se compose la brigade de
M. de Foëhn?

FÉLIX

Il n'a qu'une vingtaine d'hommes de sa brigade.

LA REINE

Vous, Félix, au dernier relais, vous arrêterez M. de Foëhn. *(Mouvement de Félix.)* Vous prendrez les cinquante gardes de la chaise de poste. Vous arrêterez M. de Foëhn et ses hommes. C'est un ordre. Vous nous précéderez en ville. Vous conduirez votre prisonnier à la citadelle. Je vous remettrai un pouvoir. A la citadelle, vous ferez relâcher les prisonniers politiques. Ils sont libres. Ce sera le premier acte de mon règne. Et vous ferez tirer cent coups de canon.

Pourquoi faites-vous cette figure? Vous aimez particulièrement M. de Foëhn?

FÉLIX

Non, Madame, mais je voudrais... enfin, il serait préférable...

LA REINE

Parlez... Parlez...

FÉLIX

Si Votre Majesté l'autorise, dans des circonstances aussi graves, je préférerais ne pas quitter d'une seconde Votre Majesté.

LA REINE

C'est juste. Il est normal que vous fassiez cette entrée solennelle avec moi. Le capitaine de chevau-légers est votre cousin?

FÉLIX

Oui, Madame.

LA REINE

Vous êtes sûr de lui?

FÉLIX

Autant que de moi-même.

LA REINE

Je l'ai vu sauter des obstacles. Il monte très bien

et il a de la grâce. Vous lui confierez le comte de
Foëhn et sa brigade. Cette petite surprise étant mon
cadeau de bienvenue à l'archiduchesse, je les lui
confie comme la prunelle de mes yeux. Naturelle-
ment, vous ne l'aviserez de cette mesure qu'au dernier relais.

FÉLIX

Et j'accompagne la reine?

LA REINE, *disant son « oui »*
comme à un enfant têtu.

Oui! Vous et le reste de la troupe. Je vous le
répète, je n'aime pas les chaises de poste et les
marchepieds. Je rentrerai chez moi à cheval, le
visage découvert et en uniforme de colonel. Nous
sommes bien d'accord?

FÉLIX

Je me conformerai ponctuellement aux ordres de
Votre Majesté.

LA REINE

Ah! Félix!... vous n'oublierez pas que la troupe
et la musique doivent être à midi en face de cette
fenêtre, derrière la pièce d'eau.

Lorsque vos hommes seront rangés en ordre dans
le parc, vous ferez sonner deux appels de trompette.
Ce sera le signal pour que je sache que je peux me
montrer à mes soldats.

Félix s'incline.

Mlle de Berg voyagera en calèche avec M. de
Foëhn. C'est le couple idéal. Après le dernier relais,
Mlle de Berg aura toute la place. Elle sera plus à son
aise pour réfléchir.

> *Tony apparaît en courant, par la galerie de*
> *gauche et descend l'escalier à toute vitesse. La*
> *reine le regarde, étonnée. Il gesticule. La reine*
> *gesticule avec lui. Félix s'écarte vers la porte de*
> *droite et reste au garde-à-vous. Tony remonte*
> *précipitamment les marches et disparaît.*

La reine hésite et soudain s'élance sur les marches de l'escalier. A la moitié des marches, elle s'arrête et se retourne, le visage transformé, pâle, terrible. Willenstein, qui reculait jusqu'à la porte, la regarde comme il a dû la regarder derrière la statue d'Achille.

Willenstein!

Dieu seul connaît le terme du voyage que je vais entreprendre. Pour l'entreprendre, je dois d'abord commettre un acte si farouche, si étrange, si contraire à la nature, que toutes les femmes l'envisageraient avec horreur. Le règne auquel j'aspire est à ce prix. Mon destin me regarde face à face, les yeux dans les yeux. Il m'hypnotise. Et, voyez... il m'endort.

FÉLIX

Madame!

LA REINE

Ne parlez pas. Ne m'éveillez pas. Car, en vérité, pour faire ce que je vais faire il faut dormir et agir en rêve. Ne cherchez pas à me comprendre davantage. Il me fallait parler à quelqu'un. Vous étiez le seul ami du roi et je vous parle. Je vous demande de ne jamais oublier mes paroles, Willenstein. Et de témoigner devant les hommes que, quoi qu'il arrive, je l'ai voulu.

Stanislas paraît en haut des marches. Il porte son costume du premier acte.

Vous êtes libre. Laissez-moi.

SCÈNE VIII

LA REINE, STANISLAS

Stanislas descend lentement l'escalier et croise la reine comme endormie. Lorsqu'il avancera jusqu'au milieu de la bibliothèque, la reine le suivra. Elle est dure, cassante, terrible. Toute cette scène doit donner l'illusion qu'elle est une furie.

LA REINE, *farouchement*.

Qu'est-ce que vous avez fait? *(Silence de Stanislas.)*
Répondez. Répondez immédiatement.

Silence.

Tony vient de m'apprendre une chose incroyable.
Où est ce médaillon? Où est-il? Donnez-le ou je vous
cravache.

STANISLAS, *avec calme*.

Le médaillon est dans votre chambre.

LA REINE

Ouvert?

STANISLAS

Ouvert.

LA REINE

Jurez-le.

STANISLAS

Je le jure.

LA REINE, *poussant un cri*.

Stanislas!

STANISLAS

Tu m'avais expliqué ce qui se passe quand on
avale cette capsule. J'ai un moment à vivre. Je
voulais t'admirer avant ton départ.

LA REINE, *se reprenant*.

Ne me tutoyez pas. Il y a des policiers partout.

STANISLAS

Je le savais.

LA REINE

Vous saviez que la police cernait le château?

STANISLAS

C'est un mort qui vous parle. Je m'estime délié de mes promesses. Pendant votre absence, ce matin, le comte de Foëhn m'a averti qu'il m'arrêtait. J'ai obtenu qu'on ne m'arrête qu'après une heure. La police garde les portes pour que je ne m'échappe pas.

LA REINE

La reine vous protégeait. Vous n'aviez rien à craindre.

STANISLAS

Je n'ai pas agi par crainte. En un éclair, je me suis rendu compte que rien n'était possible entre nous, qu'il fallait vous rendre libre et disparaître en plein bonheur.

LA REINE

Lâche!

STANISLAS

Peut-être.

LA REINE

Lâche! Tu m'as conseillée, pressée, arrachée de mon ombre.

STANISLAS

D'où je vais, je te protégerai mille fois mieux.

LA REINE

Je ne demande pas qu'on me protège!

STANISLAS, *dans un élan.*

Mon amour...

> *Il veut s'approcher d'elle. Elle s'écarte d'un bond.*

LA REINE

Ne m'approchez pas!

STANISLAS

Est-ce toi qui me parles?

LA REINE

Ne m'approchez pas. *(Elle est blême, droite, effrayante.)* Vous êtes un mort et vous me faites horreur.

STANISLAS

C'est toi! C'est toi qui me parles!

LA REINE

Vous êtes devant votre reine. Ne l'oubliez plus.

STANISLAS

Ce poison a dû agir comme la foudre. Est-ce la mort de croire qu'on vit et d'être en enfer? *(Il marche comme un fou dans la bibliothèque.)* Je suis en enfer! Je suis en enfer!

LA REINE

Vous êtes encore vivant. Vous êtes à Krantz. Et vous m'avez trahie.

STANISLAS

Nous sommes à Krantz. Voilà le fauteuil, la table, les livres...

Il les touche.

LA REINE

Vous deviez me tuer et vous ne m'avez pas tuée.

STANISLAS

Si je t'ai offensée, pardonne-moi. Parle-moi comme tu me parlais hier, comme tu me parlais ce matin. Tu m'aimes?

LA REINE

Vous aimer? Perdez-vous la tête? Je vous répète que je vous ordonne de m'adresser la parole sur un autre ton.

STANISLAS, *égaré.*

Vous ne m'aimez pas?

LA REINE

Mes mouvements sont aussi rapides que les vôtres.
Vous m'avez volée... volée! Ne grimacez pas. Ne vous
convulsez pas. Restez tranquille. Je vais vous dire
ce que je ne voulais pas vous dire et ce que vous
méritez qu'on vous dise.

Que supposez-vous? Qu'imaginez-vous? Appre-
nez que le comte de Foëhn ne se permettrait pas
d'agir sans mes ordres. Tout ici n'est qu'intrigue.
Je croyais que vous vous en étiez aperçu. Il me gênait
de vous traîner à ma suite. Il me gênait de vous voir
vous mêler indiscrètement des affaires du royaume.
Si la police cerne le château, si le comte de Foëhn
vous attendait à ma porte, c'était par mon ordre. Rien
que par mon ordre. C'était mon bon plaisir.

STANISLAS

Vous mentez!

LA REINE

Monsieur! Vous oubliez où vous êtes, ce que vous
êtes et ce que je suis.

STANISLAS

Vous mentez!

LA REINE

Faut-il que j'appelle les hommes du comte de
Foëhn?

STANISLAS

Ici même, ici *(il frappe le fauteuil)* ne m'avez-vous
pas avoué votre amour?

LA REINE

C'est alors que je mentais. Vous ne le savez pas,
que les reines mentent? Rappelez-vous vos poèmes.
Vous y décriviez les reines telles qu'elles sont.

STANISLAS

Mon Dieu!...

LA REINE

Je vous révélerai leurs secrets et les miens, puisque c'est un mort qui m'écoute. J'ai décidé, décidé, car je décide — j'ai décidé de vous charmer, de vous ensorceler, de vous vaincre. C'est drôle! Tout a marché à merveille. La comédie était bonne. Vous avez tout cru.

STANISLAS

Vous!... Vous!...

LA REINE

Moi. Et d'autres reines m'ont donné l'exemple. Je n'avais qu'à le suivre. Les reines n'ont guère changé depuis Cléopâtre. On les menace, elles enjôlent. Elles choisissent un esclave. Elles en usent. Elles ont un amant, elles le tuent.

Stanislas chancelle comme au premier acte. Il porte les mains à sa poitrine. Il va tomber. La reine ne peut retenir un élan.

Stanislas!...

Elle allait s'élancer vers lui. Elle reste sur place. Elle cravache un meuble.

STANISLAS, *il se redresse peu à peu.*

Vous mentez, je le devine. J'allais me trouver mal, vous n'avez pas pu retenir votre cri. Vous tentez sur moi je ne sais quelle épouvantable expérience. Vous cherchez à savoir si mon amour n'était pas une exaltation de jeune homme, s'il était vrai?

LA REINE

En quoi supposez-vous qu'il m'intéresse de savoir si votre amour était une exaltation de jeune homme? Il ne vous intéresse pas davantage de savoir si mon indulgence pour vous était un caprice. D'autres problèmes vous attendent.

STANISLAS

Quoi? Je dérobe un poison que vous portiez sur vous comme une menace. Je le supprime. Je me suicide avec. J'évite un procès que vos ennemis n'auraient pas manqué d'exploiter pour que le scandale vous éclabousse. Je prie le ciel que le poison n'agisse pas en votre présence. Je vous donne joyeusement mon honneur, ma propreté, mon œuvre, mon amour, ma vie. Je vous... *(Il s'arrête soudain.)*

Mais, j'y pense! Quelle horreur! N'est-ce pas vous qui m'avez expliqué ce suicide à retardement, qui m'avez vanté ses avantages? N'est-ce pas vous qui m'avez dit que vous aviez ôté le médaillon de votre cou et qu'il se trouvait dans votre chambre? Répondez!

LA REINE

Je n'ai pas l'habitude qu'on m'interroge, ni de répondre aux interrogatoires. Je n'ai pas de comptes à vous rendre. J'ai tiré profit de votre personne. Et ne vous imaginez pas que je parle des affaires de l'État. J'ai joué à vous le laisser croire. Vous n'entrez pour rien dans la décision que j'ai prise. J'ai flatté votre vanité d'auteur. La pièce était belle! Premier acte : on veut tuer la reine. Deuxième acte : on veut convaincre la reine de remonter sur son trône. Troisième acte : on la débarrasse d'un héros indiscret.

Comment n'avez-vous pas compris que votre ressemblance avec le roi était la plus grave des insultes? Comment pensiez-vous que je ne me vengerais pas d'en avoir été la dupe? Vous êtes naïf. Je vous ai mené là où je voulais vous mener. Je ne prévoyais pas que vous devanceriez mon arrêt et que vous prendriez sur vous de donner vos ordres de mort. Je devais vous remettre au comte de Foëhn. Vous en décidez autrement. Vous vous empoisonnez. Vous êtes libre. Bonne chance! Mourez donc. Avant de conserver cette capsule, j'en ai fait l'expérience sur mes chiens. On les a enlevés de ma vue. On vous enlèvera comme eux.

Stanislas s'est jeté à genoux dans le fauteuil auprès duquel il écoutait au premier acte.

STANISLAS

Mon Dieu! Arrêtez la torture.

LA REINE

Dieu non plus n'aime pas les lâches. C'était à vous de ne pas trahir vos camarades. Ils avaient confiance en vous. Vous étiez leur arme. Et non seulement vous les avez trahis, mais vous les avez fait prendre. Car Foëhn m'a parlé de votre groupe. Il le connaît. Lorsque je vous ai caché dans la bibliothèque, j'avais peur que vous ne vous aperceviez de ses signes. Vous nous avez crus bien sots. Comment, je vous le demande, aurais-je eu la moindre confiance dans un inconnu qui trahissait et m'en donnait le spectacle? Sur quoi vous fondiez-vous pour me croire sincère, alors que vous retourniez votre veste sous mes propres yeux?

Stanislas s'est lentement relevé du fauteuil où on le voyait de dos. Il est de face, méconnaissable, décoiffé, sans regard.

Peut-être n'auriez-vous jamais deviné les choses que je viens de vous dire. Je vous aurais trompé jusqu'à la dernière minute. Vous regardiez partir mon escorte. Foëhn vous arrêtait. Il vous emmenait. On vous jugeait et on vous exécutait. Vous seriez mort en vous glorifiant d'être le sauveur de votre patrie. Vous échappez à ma justice. Vous préférez la vôtre. A votre aise. Mais je me devais de devenir votre tribunal.

Elle marche sur lui.

Qu'avez-vous à répondre? Vous vous taisez. Vous baissez la tête. J'avais raison de vous traiter de lâche. Je vous méprise. *(Elle lève sa cravache.)* Et je vous cravache.

Elle le cingle. A cet instant, la sonnerie de trompette se fait entendre dans le parc, Stanislas n'a pas bougé.

On m'appelle. Je n'aurai sans doute pas la joie de vous voir mourir.

La reine lui tourne le dos et s'éloigne jusqu'au bas de l'escalier. Elle s'y arrête et pose le pied sur la première marche. Stanislas la regarde. Il porte la main à son couteau de chasse. Il le retire de la gaine. Seconde sonnerie de trompette. Stanislas s'élance vers la reine. Il la poignarde entre les épaules. La reine titube, se redresse et monte trois marches, le poignard planté dans le dos, comme le fit la reine Élisabeth. Stanislas a reculé jusqu'au premier plan. La reine se retourne et parle avec une immense douceur.

LA REINE

Pardonne-moi, petit homme. Il fallait te rendre fou. Tu ne m'aurais jamais frappée.

Elle monte quatre marches et se retourne encore.

Je t'aime.

L'hymne royal se fait entendre. Stanislas reste à sa place comme frappé de stupeur. La reine monte d'un pas d'automate. Elle arrive au palier. Elle empoigne les rideaux de la fenêtre pour se soutenir et s'y présenter.

LA REINE, *elle détourne la tête
vers la bibliothèque
et tend la main vers Stanislas.*

Stanislas...

Il se précipite, enjambe les marches, mais il est foudroyé par le poison au moment où il va toucher la reine. Stanislas tombe à la renverse,

*roule le long des marches et meurt en bas, séparé
de la reine de toute la hauteur de l'escalier.
La reine s'écroule en arrachant un des rideaux
de la fenêtre. L'hymne royal continue.*

RIDEAU

Préface	9
Acte I.	17
Acte II.	53
Acte III.	95

DU MÊME AUTEUR

Aux Éditions Gallimard

THOMAS L'IMPOSTEUR. Histoire (Folio n° 480).

POÉSIE CRITIQUE I ET II : Monologues.

CÉRÉMONIAL ESPAGNOL DU PHÉNIX suivi de LA PARTIE D'ÉCHECS.

LES PARENTS TERRIBLES. Pièce en trois actes (Folio théâtre n° 14).

L'AIGLE À DEUX TÊTES (Folio n° 328).

POÈMES, 1916-1955.

LE REQUIEM.

ANTIGONE suivi de LES MARIÉS DE LA TOUR EIFFEL (Folio n° 908).

VOCABULAIRE. PLAINT-CHANT et autres poèmes, 1922-1946 (Poésie/Gallimard n° 176).

LE PASSÉ DÉFINI. Journal.
  TOME I : 1951-1952.
  TOME II : 1953.
  TOME III : 1954.
  TOME IV : 1955.
  TOME V : 1956-1957.
  TOME VI : 1958-1959.
  TOME VII : 1960-1961.

MON PREMIER VOYAGE. Tour du monde en 80 jours (repris sous le titre TOUR DU MONDE EN 80 JOURS, L'Imaginaire n° 574).

MAALESH. Journal d'une tournée de théâtre.

BACCHUS. Pièce en trois actes, 1952 (Folio Théâtre n° 50).

LE CAP DE BONNE-ESPÉRANCE suivi de DIS-

COURS DU GRAND SOMMEIL (Poésie/Gallimard nº 19).

JEAN COCTEAU. Choix de poèmes (Folio junior en Poésie nº 1350).

POÈMES DE JEAN COCTEAU, anthologie de Camille Weil (Folio junior en Poésie nº 1663).

SECRETS DE BEAUTÉ.

Chez d'autres éditeurs

LES ENFANTS TERRIBLES, *Grasset*.

FAIRE-PART, *Librairie Saint-Germain-des-Prés*.

FAIRE-PART INÉDITS, *Librairie Saint-Germain-des-Prés*.

LE COQ ET L'ARLEQUIN, *Stock*.

LE NUMÉRO BARBETTE, *J. Damase*.

28 AUTOPORTRAITS, *Écriture*.

LA DIFFICULTÉ D'ÊTRE, *Le Rocher*.

LE SANG D'UN POÈTE, *Le Rocher*.

LA BELLE ET LA BÊTE, Journal d'un film, *Le Rocher*.

CLAIR-OBSCUR, *Le Rocher*.

LE GRAND ÉCART, *Stock*.

EMBARCADÈRES, *Fata Morgana*.

POÉSIE GRAPHIQUE, *J. Damase*.

ENTRETIENS AVEC ANDRÉ FRAIGNEAU, *Le Rocher*.

OPÉRA BIS, *Fata Morgana*.

LE LIVRE BLANC, *Passage du marais*.

TAMBOUR, *Fata Morgana*.

LA MACHINE INFERNALE, *Grasset*.

LES MARIÉS DE LA TOUR EIFFEL, *Hoëbeke*.

AUTOPORTRAITS DE L'ACROBATE, *Fata Morgana*.

CARNET DE L'AMIRAL X..., *Fata Morgana*.

ENTRE PICASSO ET RADIGUET, *Hermann*.

DRÔLE DE MÉNAGE, *Passage du marais*.

LE POTOMAK, *Passage du marais*.

POÈMES : APPOGGIATURES, PARAPROSODIES, *Éditions du Rocher*.

CORTÈGE DE LA DÉSOBÉISSANCE, *Fata Morgana*.

PHOTOGRAPHIES ET DESSINS DE GUERRE, *Actes Sud*.

LE CORDON OMBILICAL, *Allia*.

JOURNAL D'UN INCONNU, *Grasset*.

ESSAI DE CRITIQUE INDIRECTE : Le Mystère laïc – Des beaux-arts considérés comme un assassinat, *Grasset*.

LA CORRIDA DU 1er MAI, *Grasset*.

REINES DE FRANCE, *Grasset*.

LETTRE AUX AMÉRICAINS, *Grasset*.

PORTRAITS-SOUVENIR, *Grasset*.

LE TESTAMENT D'ORPHÉE, *Le Rocher*.

THÉÂTRE DE POCHE, *Le Rocher*.

DU CINÉMATOGRAPHE, *Le Rocher*.

ENTRETIENS SUR LE CINÉMATOGRAPHE, *Le Rocher*.

LE THÉÂTRE DE LA RUE, *Fata Morgana*.

OPIUM : journal d'une désintoxication, *Stock*.

SUR LE SANG D'UN POÈTE, *Paris Expérimental*.

MADAME RUMILLY, *Fata Morgana*.

ORPHÉE. Tragédie en un acte et un intervalle, *Stock*.

UN RÊVE DE MALLARMÉ, *Fata Morgana*.

L'APOLLON DES BANDAGISTES, *Fata Morgana*.

JEAN COCTEAU : CAHIER DE COLORIAGE, *Le P'tit Glénat*.

LE MYSTÈRE DE JEAN L'OISELEUR, *Stock.*

DESSINS, *Stock.*

LA CROISIÈRE AUX ÉMERAUDES, *Éditions M. de Maule.*

Correspondance

LETTRES À MILORAD, 1955-1963, *Le Cherche-Midi.*

LUCIEN CLERGUE-JEAN COCTEAU : CORRESPONDANCES, *Actes Sud.*

CORRESPONDANCE 1911-1931, JEAN COCTEAU, ANNA DE NOAILLES, *Gallimard* (Les Cahiers de la NRF, série Jean Cocteau).

LETTRES À SA MÈRE, 1898-1918, tome I, *Gallimard.*

06-1918, choix de lettres, *Mercure de France* (Le petit *Mercure*).

CORRESPONDANCE JACQUES-ÉMILE BLANCHE, JEAN COCTEAU, *La Table Ronde* (Vermillon).

CORRESPONDANCE 1923-1963, JEAN COCTEAU, JACQUES MARITAIN, *Gallimard* (Les Cahiers de la NRF, série Jean Cocteau).

LETTRES À JEAN-JACQUES KHIM, *Rougerie.*

CORRESPONDANCE MAX JACOB - JEAN COCTEAU, *Paris-Méditerranée.*

CORRESPONDANCE DARIUS MILHAUD - JEAN COCTEAU, *Novetlé.*

GEORGES AURIC - JEAN COCTEAU : CORRESPONDANCES, *Université Paul Valéry.*

LETTRES À SA MÈRE, 1906-1918, choix de lettres, *Mercure de France* (Le petit *Mercure*).

LOUISE DE VILMORIN - JEAN COCTEAU, CORRESPONDANCE CROISÉE, *Gallimard* (Le Cabinet des lettrés).

LETTRES À PIERRE BOREL, 1951-1963, *L'Harmattan*.
MÉMOIRE DE JEAN COCTEAU: LETTRES À JEAN-MARIE MAGNAN, *Autres temps*.
LETTRES À SA MÈRE, 1919-1938, tome II, *Gallimard*.

Dans la Bibliothèque de la Pléiade

ŒUVRES POÉTIQUES COMPLÈTES, 1918-1927.
THÉÂTRE COMPLET.
ŒUVRES ROMANESQUES COMPLÈTES.

COLLECTION FOLIO

6561. Pénélope Bagieu — _Culottées Livre I – Partie 1. Des femmes qui ne font que ce qu'elles veulent_

6562. Pénélope Bagieu — _Culottées Livre I – Partie 2. Des femmes qui ne font que ce qu'elles veulent_

6563. Jean Giono — _Refus d'obéissance_

6564. Ivan Tourguéniev — _Les Eaux tranquilles_

6565. Victor Hugo — _William Shakespeare_

6566. Collectif — _Déclaration universelle des droits de l'homme_

6567. Collectif — _Bonne année ! 10 réveillons littéraires_

6568. Pierre Adrian — _Des âmes simples_

6569. Muriel Barbery — _La vie des elfes_

6570. Camille Laurens — _La petite danseuse de quatorze ans_

6571. Erri De Luca — _La nature exposée_

6572. Elena Ferrante — _L'enfant perdue. L'amie prodigieuse IV_

6573. René Frégni — _Les vivants au prix des morts_

6574. Karl Ove Knausgaard — _Aux confins du monde. Mon combat IV_

6575. Nina Leger — _Mise en pièces_

6576. Christophe Ono-dit-Biot — _Croire au merveilleux_

6577. Graham Swift — _Le dimanche des mères_

6578. Sophie Van der Linden — _De terre et de mer_

6579. Honoré de Balzac — _La Vendetta_

6580. Antoine Bello — _Manikin 100_

6581. Ian McEwan — _Mon roman pourpre aux pages parfumées et autres nouvelles_

6582. Irène Némirovsky   *Film parlé*
6583. Jean-Baptiste Andrea   *Ma reine*
6584. Mikhaïl Boulgakov   *Le Maître et Marguerite*
6585. Georges Bernanos   *Sous le soleil de Satan*
6586. Stefan Zweig   *Nouvelle du jeu d'échecs*
6587. Fédor Dostoïevski   *Le Joueur*
6588. Alexandre Pouchkine   *La Dame de pique*
6589. Edgar Allan Poe   *Le Joueur d'échecs de Maelzel*
6590. Jules Barbey d'Aurevilly   *Le Dessous de cartes d'une partie de whist*
6592. Antoine Bello   *L'homme qui s'envola*
6593. François-Henri Désérable   *Un certain M. Piekielny*
6594. Dario Franceschini   *Ailleurs*
6595. Pascal Quignard   *Dans ce jardin qu'on aimait*
6596. Meir Shalev   *Un fusil, une vache, un arbre et une femme*
6597. Sylvain Tesson   *Sur les chemins noirs*
6598. Frédéric Verger   *Les rêveuses*
6599. John Edgar Wideman   *Écrire pour sauver une vie. Le dossier Louis Till*
6600. John Edgar Wideman   *La trilogie de Homewood*
6601. Yannick Haenel   *Tiens ferme ta couronne*
6602. Aristophane   *L'Assemblée des femmes*
6603. Denis Diderot   *Regrets sur ma vieille robe de chambre*
6604. Edgar Allan Poe   *Eureka*
6605. François de La Mothe Le Vayer   *De la liberté et de la servitude*
6606. Salvatore Basile   *Petits miracles au bureau des objets trouvés*
6607. Fabrice Caro   *Figurec*
6608. Olivier Chantraine   *Un élément perturbateur*
6610. Roy Jacobsen   *Les invisibles*
6611. Ian McEwan   *Dans une coque de noix*
6612. Claire Messud   *La fille qui brûle*
6613. Jean d'Ormesson   *Je dirai malgré tout que cette vie fut belle*
6614. Orhan Pamuk   *Cette chose étrange en moi*

6615. Philippe Sollers   *Centre*
6616. Honoré de Balzac   *Gobseck* et autres récits
d'argent
6618. Chimamanda Ngozi
Adichie   *Le tremblement* précédé de
Lundi de la semaine dernière
6619. Elsa Triolet   *Le destin personnel* suivi de
La belle épicière
6620. Brillat-Savarin   *Dis-moi ce que tu manges,
je te dirai ce que tu es*
6621. Lucrèce   *L'esprit et l'âme se tiennent
étroitement unis.
De la nature, Livre III*

6622. La mère du révérend
Jôjin   *Un malheur absolu*
6623. Ron Rash   *Un pied au paradis*
6624. David Fauquemberg   *Bluff*
6625. Cédric Gras   *La mer des Cosmonautes*
6626. Paolo Rumiz   *Le phare, voyage immobile*
6627. Sebastian Barry   *Des jours sans fin*
6628. Olivier Bourdeaut   *Pactum salis*
6629. Collectif   *À la table des diplomates.
L'histoire de France
racontée à travers
ses grands repas. 1520-2015*

6630. Anna Hope   *La salle de bal*
6631. Violaine Huisman   *Fugitive parce que reine*
6632. Paulette Jiles   *Des nouvelles du monde*
6633. Sayaka Murata   *La fille de la supérette*
6634. Hannah Tinti   *Les douze balles dans la peau
de Samuel Hawley*
6635. Marc Dugain   *Ils vont tuer Robert Kennedy*
6636. Collectif   *Voyageurs de la Renaissance.
Léon l'Africain,
Christophe Colomb,
Jean de Léry et les autres*

6637. François-René
de Chateaubriand   *Voyage en Amérique*

6638. Christelle Dabos — *La Passe-miroir, Livre III.*
La mémoire de Babel

6639. Jean-Paul
Didierlaurent — *La fissure*

6640. David Foenkinos — *Vers la beauté*

6641. Christophe Honoré — *Ton père*

6642. Alexis Jenni — *La conquête des îles*
de la Terre Ferme

6643. Philippe Krhajac — *Un dieu dans la poitrine*

6644. Eka Kurniawan — *Les belles de Halimunda*

6645. Marie-Hélène Lafon — *Nos vies*

6646. Philip Roth — *Pourquoi écrire ? Du côté*
de Portnoy – Parlons travail
– Explications

6647. Martin Winckler — *Les Histoires de Franz*

6648. Julie Wolkenstein — *Les vacances*

6649. Naomi Wood — *Mrs Hemingway*

6650. Collectif — *Tous végétariens ! D'Ovide*
à Ginsberg, petit précis
de littérature végétarienne

6651. Hans Fallada — *Voyous, truands*
et autres voleurs

6652. Marina Tsvétaïéva — *La tempête de neige –*
Une aventure

6653. Émile Zola — *Le Paradis des chats*

6654. Antoine Hamilton — *Mémoires du comte*
de Gramont

6655. Joël Baqué — *La fonte des glaces*

6656. Paul-Henry Bizon — *La louve*

6657. Geneviève Damas — *Patricia*

6658. Marie Darrieussecq — *Notre vie dans les forêts*

6659. Étienne de Montety — *L'amant noir*

6660. Franz-Olivier Giesbert — *Belle d'amour*

6661. Jens Christian
Grøndahl — *Quelle n'est pas ma joie*

6662. Thomas Gunzig — *La vie sauvage*

6663. Fabrice Humbert — *Comment vivre en héros ?*

6664. Angela Huth — *Valse-hésitation*

6665. Claudio Magris — *Classé sans suite*
6666. János Székely — *L'enfant du Danube*
6667. Mario Vargas Llosa — *Aux Cinq Rues, Lima*
6668. Alexandre Dumas — *Les Quarante-Cinq*
6669. Jean-Philippe Blondel — *La mise à nu*
6670. Ryôkan — *Ô pruniers en fleur*
6671. Philippe Djian — *À l'aube*
6672. Régis Jauffret — *Microfictions II. 2018*
6673. Maylis de Kerangal — *Un chemin de tables*
6674. Ludmila Oulitskaïa — *L'échelle de Jacob*
6675. Marc Pautrel — *La vie princière*
6676. Jean-Christophe Rufin — *Le suspendu de Conakry.*
Les énigmes d'Aurel
le Consul

6677. Isabelle Sorente — *180 jours*
6678. Victor Hugo — *Les Contemplations*
6679. Michel de Montaigne — *Des Cannibales / Des coches*
6680. Christian Bobin — *Un bruit de balançoire*
6681. Élisabeth de Fontenay et Alain Finkielkraut — *En terrain miné*
6682. Philippe Forest — *L'oubli*
6683. Nicola Lagioia — *La Féroce*
6684. Javier Marías — *Si rude soit le début*
6685. Javier Marías — *Mauvaise nature.*
Nouvelles complètes

6686. Patrick Modiano — *Souvenirs dormants*
6687. Arto Paasilinna — *Un éléphant, ça danse énormément*

6688. Guillaume Poix — *Les fils conducteurs*
6689. Éric Reinhardt — *La chambre des époux*
6690. Éric Reinhardt — *Cendrillon*
6691. Jean-Marie Rouart — *La vérité sur la comtesse Berdaiev*

6692. Jón Kalman Stefánsson — *Ásta*
6693. Corinne Atlan — *Petit éloge des brumes*
6694. Ludmila Oulitskaïa — *La soupe d'orge perlé et autres nouvelles*

6695. Stefan Zweig — *Les Deux Sœurs* précédé d'*Une histoire au crépuscule*
6696. Ésope — *Fables* précédées de la *Vie d'Ésope*
6697. Jack London — *L'Appel de la forêt*
6698. Pierre Assouline — *Retour à Séfarad*
6699. Nathalie Azoulai — *Les spectateurs*
6700. Arno Bertina — *Des châteaux qui brûlent*
6701. Pierre Bordage — *Tout sur le zéro*
6702. Catherine Cusset — *Vie de David Hockney*
6703. Dave Eggers — *Une œuvre déchirante d'un génie renversant*
6704. Nicolas Fargues — *Je ne suis pas une héroïne*
6705. Timothée de Fombelle — *Neverland*
6706. Jérôme Garcin — *Le syndrome de Garcin*
6707. Jonathan Littell — *Les récits de Fata Morgana*
6708. Jonathan Littell — *Une vieille histoire. Nouvelle version*
6709. Herta Müller — *Le renard était déjà le chasseur*
6710. Arundhati Roy — *Le Ministère du Bonheur Suprême*
6711. Baltasar Gracian — *L'Art de vivre avec élégance. Cent maximes de L'Homme de cour*
6712. James Baldwin — *L'homme qui meurt*
6713. Pierre Bergounioux — *Le premier mot*
6714. Tahar Ben Jelloun — *La punition*
6715. John Dos Passos — *Le 42ᵉ parallèle. U.S.A. I*
6716. John Dos Passos — *1919. U.S.A. II*
6717. John Dos Passos — *La grosse galette. U.S.A. III*
6718. Bruno Fuligni — *Dans les archives inédites du ministère de l'Intérieur. Un siècle de secrets d'État (1870-1945)*
6719. André Gide — *Correspondance. 1888-1951*
6720. Philippe Le Guillou — *La route de la mer*

6721. Philippe Le Guillou — *Le roi dort*
6722. Jean-Noël Pancrazi — *Je voulais leur dire mon amour*
6723. Maria Pourchet — *Champion*
6724. Jean Rolin — *Le traquet kurde*
6725. Pénélope Bagieu — *Culottées Livre II-partie 1*
6726. Pénélope Bagieu — *Culottées Livre II-partie 2*
6727. Marcel Proust — *Vacances de Pâques et autres chroniques*
6728. Jane Austen — *Amour et amitié*
6729. Collectif — *Scènes de lecture. De saint Augustin à Proust*
6730. Christophe Boltanski — *Le guetteur*
6731. Albert Camus et Maria Casarès — *Correspondance. 1944-1959*
6732. Albert Camus et Louis Guilloux — *Correspondance. 1945-1959*
6733. Ousmane Diarra — *La route des clameurs*
6734. Eugène Ébodé — *La transmission*
6735. Éric Fottorino — *Dix-sept ans*
6736. Hélène Gestern — *Un vertige* suivi de *La séparation*
6737. Jean Hatzfeld — *Deux mètres dix*
6738. Philippe Lançon — *Le lambeau*
6739. Zadie Smith — *Swing Time*
6740. Serge Toubiana — *Les bouées jaunes*
6741. C. E. Morgan — *Le sport des rois*
6742. Marguerite Yourcenar — *Les Songes et les Sorts*
6743. Les sœurs Brontë — *Autolouange et autres poèmes*
6744. F. Scott Fitzgerald — *Le diamant gros comme le Ritz*
6745. Nicolas Gogol — *2 nouvelles de Pétersbourg*
6746. Eugène Dabit — *Fauteuils réservés et autres contes*
6747. Jules Verne — *Cinq semaines en ballon*
6748. Henry James — *La Princesse Casamassima*
6749. Claire Castillon — *Ma grande*

Impression Novoprint
à Barcelone, le 31 août 2020
Dépôt légal: août 2020
1ᵉʳ dépôt légal dans la collection : août 1973.

ISBN 978-2-07-036328-5/ Imprimé en Espagne.